H. Mertes / N. Hollander
Nautische Schnaps-Postille

Harald H. Mertes / Neil Hollander

Nautische Schnapspostille

*Ein feucht-fröhlicher
Bummel durch zwei
Jahrtausende Seefahrtsgeschichte
nebst 118 Mixtips für Trink- und
Standfeste, ganz selbst erprobt
an und auf den Sieben Weltmeeren*

Zum Schnapsen, Mixen und Lesen

Verlag Delius Klasing & Co Bielefeld

Bildnachweis:

Krützfeldt Marketing Design (2) S. 21, 79; Landesmuseum Trier (1) S. 10; Mary Evans Picture Library (2) S. 32, 48; Museum für Hamburgische Geschichte (1) S. 35; National Maritime Museum (4) Titel, S. 16, 24/25, 43; Pott-Archiv (1) S. 19; Städelsches Kunstinstitut (1) S. 7; The Museum of London (1) S. 50.
Die übrigen Fotos und Vignetten wurden von Harald Mertes gesammelt und zur Verfügung gestellt.

2. Auflage

Gestaltung: Siegfried Berning
ISBN 3-7688-0311-2
© Delius Klasing & Co., Bielefeld
Printed in Germany 1981
Gesamtherstellung: Ludwig Auer, Donauwörth

Inhaltsverzeichnis

Kleine Kulturgeschichte der alkoholischen Seefahrt 6
60 Seemannsohren im Pökelfaß 23
Britische Rum-Verordnung von 1740 . . 28
Anweisung zur Gesundheitspflege auf Kauffahrerschiffen (1913) 52
Rezepte gegen Seekrankheit (1865) . . . 53

Die Drinks der Sieben Weltmeere . . 54
Die Drinkforce-Skala 55
Die verwendeten Alkoholsorten 55
Weitere Zutaten . . . 55
Kleines Getränke-Abc 56
Aquavit 56
Arrak 57
Bier 57
Calvados 58
Cointreau 58
Pernod 58
Gin 58
Rum 59
Sherry 60
Vermouth 60
Weinbrand 60
Whisky 61
Wodka 61

Klassische Windjammer-Drinks . . . 62
Kalte Punsche . . . 65
Heiße Punsche . . . 67
Grogs 69
Rum-Drinks 72
Zombies 77
Weinbrand-Drinks . . 80
Gin-Drinks 82
Whisky-Drinks . . . 83
Calvados-Drinks . . 85
Wodka-Drinks . . . 86
Klare 87
Bier-Getränke 88
Sherry und Porto . . 89
Kaffee 90
Tee 92
Aus Smutjes Giftküche 93
Zum Katerfrühstück . 94
Wo stehen die Sachen? 96

Kleine Kulturgeschichte der alkoholischen Seefahrt

Vor langer, langer Zeit, als der Mensch zum ersten Male seine Augen über die unendliche Weite des Meeres gleiten ließ und sich neugierig fragte, was denn hinter dem in der Sonne flimmernden Horizont wohl liegen möge, durchkreuzten zwei Gedanken sein unstetes und nach Wissen und Erkenntnis durstendes Hirn.

Erstens, daß mit der Hilfe von sieben zusammengebundenen Baumstämmen seine Welt nicht länger am Strand ende – und zweitens, daß der gegorene Saft von gewissen Getreidekörnern, Früchten oder auch Gemüsen eine Reise zum ungewissen Horizont viel genüßlicher, freudvoller und auch ungefährlicher mache. Nie zuvor in der Geschichte des jungen Menschengeschlechtes fügten sich zwei Geistestaten so nahtlos aneinander, daß sie, eins und untrennbar geworden, über Jahrtausende Bestand hatten.

Als der erste Mensch dann seinen Fuß auf das erste Floß setzte, seinen am Strand zurückbleibenden Freunden und Verwandten zuwinkte und sich wagemutig in das Abenteuer „Seefahrt" stürzte, da hielt er stolz in der einen Hand ein rohgeschnitztes Paddel, in der anderen eine Kalebasse – bis zum Rand gefüllt mit gegorenem Gebräu.

Und genau in diesem historischen Augenblick – unbestimmbar und vergessen irgendwo in nebliger Vergangenheit – wurde die einmalige „Liebesgeschichte" zwischen Seefahrern und ihrer Flasche geboren. Kein Seemann, wert seiner Heuer, hat seither je einen Hafen verlassen, ohne nicht für einen ausreichenden und gesunden Vorrat an Alkohol an Bord gesorgt zu haben.

Welche Flagge auch immer das Heck zierte, in welcher Richtung der Bug die rauschenden Wasser der Sieben Meere auch teilte, das Wichtigste auf jedem Schiff war das Fäßchen Rum, Arrak, Gin, Brandy, Schnaps oder was sonst noch alles stark, billig und in ausreichender Menge zu bekommen war. Und solange unstete Wellen und unsterbliche Wogen ihre feuchten Finger nach dem Lande ausstrecken, wird weder Eifersucht noch Untreue die Liebe zwischen dem Seemann und seiner Flasche zu trüben oder gar zu zerstören vermögen.

Womit der Becher jenes ersten Seemannes denn nun wirklich gefüllt war, und was sich in dem sorgsam am Mast festgelaschten Ledersack befand, wir wissen es heute nicht mehr zu sagen. Unser Ur-Vetter vergaß wohlweislich, einen Eintrag in sein Logbuch zu machen.

Ein Seemann mit Amphore geht an Bord – Römisches Votivmosaik aus Ostia

Es ist aber anzunehmen, daß es ein dickflüssiger, trüber Met oder gärig fuseliges Bier war, oder, was vielleicht noch schlimmer klingen, riechen oder schmecken mag, eine Mischung von beidem. So bitter und muffig, aasig und katerträchtig es auch gewesen sein mag, stark und gut genug muß es jedenfalls gewesen sein, um des Seemannes Herz mit Mut zu füllen und seinen Geist zu neuen Ufern zu tragen.

Nach Jahrhunderten schlechten Bieres kam gottlob die griechische Kultur in Mode, die sich ja bekanntlich mühte, den Geschmack der geistigen Welt zu verfeinern und zu kultivieren – und somit auch den der Seeleute. Die Tatsache, daß ihr dies auch gelang, ist vielleicht als eines ihrer größten – wenn auch bis heute unbesungenen – Verdienste zu bezeichnen.

Zur Zeit, da die Griechen das Mittelmeer zu ihrer privaten Ruder- und Segelstrecke gemacht hatten, hatten auch die Seeleute schon längst herausgefunden, daß Wein nicht nur viel besser schmeckt als fauliges Honigbier, sondern daß er auch zu viel stärkeren und süßeren Euphorien verhalf – und das war ja bei weitem wohl das Wichtigste.

Ein fruchtiger, vollblütiger Wein von 17% war wohl das stärkste, was Bacchus anzubieten hatte und woran sich ein Seemann zur damaligen Zeit erfreuen und erlaben konnte. Die Destille war noch nicht geboren, und weder Homer noch Herodot konnte je eine Hymne ihr zu Ehren singen.

Das erhebende Gefühl, sich mit einem Klaren oder Gebrannten die Lippen anzufeuchten, ihn im Mund reifen, die Kehle liebkosen und dann den ganzen Körper von innen her wärmen und wohltuend stärken zu lassen, war eine der wenigen Freuden, die den Griechen für immer versagt bleiben sollte.

Im Nautischen Jahrbuch des Jahres 50 nach Christi findet man dann allerdings eine kurze Notiz, in der Pedanos Dioscorides, der Sohn eines sizilianischen Fischers, behauptet, er habe die erste Destille gebastelt. Sie sei zwar noch nicht ganz ausgereift und noch mit erheblichen Mängeln behaftet, aber er arbeite an der Vervollkommnung seiner Göttermaschine.

Wie dem auch sei, um ausreichende Mengen an Alkohol für eine lange Seereise an Bord zu haben, mußten die Seeleute der Antike ganze Wagenladungen zerbrechlicher Amphoren laden. Und um mutig, verwegen und frech einem tosenden Sturm ins von Wolkenfetzen entstellte Antlitz blicken zu können, mußten die „Nautikoi" anstelle einer Mug goldenen Rums schon mindestens einen ganzen Liter Weines zu sich nehmen, wenn immer Boreas – der Gott der Winde – zu einer Atempause innehielt.

An Land, auf ihren Streifzügen durch die Tavernenviertel der großen Hafenstädte wie Piräus, Smyrna oder Heraklion gaben sie sich allerdings schon etwas wählerischer, wenn auch ihr Gemack mitnichten als epikureisch zu bezeichnen gewesen wäre.

Homer, der nicht selten seine freien Abendstunden in Hafenkneipen zubrachte, mit Seeleuten trank und ihren Geschichten und Abenteuern mit Hingabe lauschte, schreibt: „Geschmack und Trinkgewohnheiten griechischer Seefahrer das Innere der Weinamphoren noch keine Glasur hatte, wurden die Gefäße vor der Abflüllung jedesmal mit Harz ausgestrichen. Nach einer langen Seereise habe der Wein dann selbst – durch das ständige Hin- und Herschwappen in den Amphoren verursacht – einen harzigen Geschmack angenommen.

Und da es eine Eigenart aller Seeleute ist, die jeweilige Ladung auf das Genaueste zu untersuchen und zu probieren, wundere es wenig, daß sich die Zungen der Männer mit der Zeit an die neuen Gegebenheiten angepaßt, und die Seeleute selbst eine echte und tiefe Zuneigung und Vorliebe für diesen öligen, harzig-bitteren Geschmack entwickelt hätten.

Aristoteles, Fragment, zitiert von Athenaeus

Aristoteles sagt in seinem Buch über „Die Trunkenheit", daß die Personen, die Bier trinken – das sie Pinon nennen – im betrunkenen Zustand ausschließlich auf den Rücken fallen.

Es bestehe ein großer Unterschied, ob man sich an Bier oder anderen giftigen Getränken berausche. Freunde, die den letzterwähnten Getränken zu sehr zugesprochen hätten, könnten in ihrer Trunkenheit auf alle Teile ihres Körpers fallen: auf die rechte Seite, auf die linke, aufs Gesicht oder auch den Rücken.

Nur wer sich mit Bier betrinke, falle ausschließlich auf den Rücken und verharre bewegungslos in dieser Stellung, mit dem Gesicht nach oben . . .

---

sind denen der Chinesen nicht unähnlich: süß und sauer ist sehr gefragt."

Die Männer mit den „süßen Zungen" erfreuen sich meist an Getränken, die sie Oxymel und Meletities zu benennen pflegten. Oxymel – so Homer – sei eine Mischung aus herbem Wein, Honig, Muskat und Regenwasser – mindestens zehnmal aufgekocht und dann über Jahre gelagert. Meletities hingegen sei eine Art Glühwein, gebraut aus Honig, Wein und Salz.

Der Ursprung für die Vorlieben der Männer mit den „sauren Zungen" sei auf den Schiffen selbst zu suchen. Da

Das führte sogar dazu, daß Küfer, Weinhändler und auch Kneipenwirte den Weinen, die noch keine geschmackverändernde oder -verbessernde Seereise hinter sich hatten, ganz einfach Harz zusetzten, um den Rebensaft der Geschmacksrichtung der Seeleute anzupassen. Außerdem fanden sie schnell heraus, daß mit einigen Löffeln Harz sogar umgeschlagene und essige Weine noch an den (See-)Mann gebracht werden konnten. Niemand beschwere sich über die ‚Veredlung' – am wenigsten die Seeleute selbst, die noch selten groß Fragen gestellt haben, solange die Flasche nur gut, stark, billig und schnell auf dem Tisch ist.

Geschmack, Vorlieben und Trinkgewohnheiten von Seeleuten haben sich über die Jahrhunderte geändert und auch regional unterschiedlich entwickelt. Während die seefahrenden Männer des Mittelmeerraumes mehr oder weniger bei ihren verharzten Weinen blieben, waren ihre Kameraden von Nord- und Ostsee mehr den trockenen und blumig duftenden Weinen von Rhein und Mosel verfallen. Doch für den gemeinen Seemann war es verständlicherweise nicht ganz so einfach, an derlei Delikatessen heranzukommen. Weine von Rhein und Mosel galten schon seit jeher als kostspieliger Luxus und waren nicht unbedingt dazu bestimmt, in die ausgedörrten Kehlen durstiger Seeleute zu rinnen. Wollten diese dennoch hin und wieder ihre Mugs mit dem begehrten güldenen Rebensaft füllen, mußten sie schon zu anderen Mitteln greifen, um sich diesen kulinarischen Genuß auf billigere Art und Weise zu verschaffen. Und das taten sie denn auch.

Schon im Mittelalter wurde reichlich deutscher Wein exportiert, und fast jedes Jahr zur gleichen Zeit setzte eine kleine Flotte von Koggen – bis zur Reling mit Wein überladen – Segel Richtung England. Seit Wochen schon harrte man in London der begehrten Fracht, die gerade hier den Händlern hohe Gewinne versprach. Laut Gesetz mußten allerdings Könige und Adlige zuerst beliefert werden, ehe

Antiken Piraten eine willkommene Beute: Römisches Weinschiff um 200 n. Chr. (Gefunden in Neumagen an der Mosel)

der verbleibende Rest an die gemeinen Händler verkauft werden durfte.

Doch es warteten auch noch andere Gourmets auf die kostbare Fracht: Weinpiraten – eine Flotte rauhbeiniger, wilder Seefahrer mit feinster Zunge und schier unstillbarem Durst. „Seeschäumerkapitäne" wie Jan van Troyen oder Lanzelot von Brederode galten als die gefürchtetsten unter ihnen. Bekannt und verflucht unter dem Namen „Die doppelsalzigen Teufel" oder die „Geißeln der Nordsee", waren sie sehr wohl auch Feinschmecker mit geübter Zunge, die sich in den Bilgen ihrer Schiffe regelrechte Weinkeller eingerichtet hatten, und denen man nachsagte, daß sie eine Weinfuhre auf See zwei Meilen gegen den Wind riechen konnten.

Um ihren Ruf als Pirat und das Ansehen bei der Mannschaft nicht aufs Spiel zu setzen, nahmen sie auch gelegentlich an den Saufgelagen an Deck teil und tranken dort in echter Piratenmanier, indem sie jedes Glas Wein erst mit einem gehörigen Schuß Schießpulver würzten.

Doch diese Weinpiraten versenkten nicht die Schiffe, noch raubten sie blindlings daher. Sie töteten nicht die Offiziere, noch vergewaltigten sie die Frauen an Bord – wie man es von Piraten, die ja auch auf ihren Ruf zu achten haben, eigentlich hätte erwarten sollen.

Die Weinpiraten gierten ja nicht in erster Linie nach Gold in ledernen Beuteln – obwohl sie es nicht unbedingt verachteten –, ihnen stand der Sinn nach dem flüssigen, lieblich berauschenden Gold, das der Gott der Winde ihnen vor die Kanonen wehte. Nüchtern und bescheiden forderten sie jedesmal nur einen geringen Anteil, wußten sie doch nur zu gut um das labile Gleichgewicht im Weinhandel. Von jedem Schiff ein paar Fässer „vielleicht vom Besten, wenn's genehm ist" – eine Wegzehrung, ein unbedeutendes kleines Gastgeschenk.

Welcher Weinpirat wollte schon die Händler vergraulen, sollten sie doch wiederkommen, vollbeladen – im nächsten Jahr.

War der Laderaum dann voll, gelang es ihnen meist, unbehelligt und bester Stimmung, in ihre Schlupfwinkel zurückzusegeln.

Ein Teil der Beute wurde verkauft, der Rest mußte für die Kurzweil der langen Winterabende reichen. Zur Sommerzeit des nächsten Jahres reiften Durst und Trauben aufs neue, und im Herbst setzten beide Flotten wieder Segel. Die Wein-

---

Sir Gilbert Blane – 1814

Seit Menschengedenken ist es Sitte, Seeleuten den Genuß jedweder Art gegorener Flüssigkeit zu erlauben.

Müßig ist es nachzuforschen, ob dies zu ihrem Vor- oder Nachteil geschehen ist. Es ist sowieso schier unmöglich, Seemännern etwas zu verbieten, was ihnen freudvolle und genüßliche Befriedigung verschafft. Außerdem haben sie sich inzwischen so etwas wie ein Gewohnheitsrecht daran erworben.

Doch in letzter Zeit ist bei Seefahrern ein gesteigertes Verlangen nach giftigen und gesundheitsschädlichen Getränken zu beobachten. Das liegt wohl auch zum Teil an der Härte der Arbeit, die sie zu leisten haben und nicht zuletzt an der Unstetigkeit und Unregelmäßigkeit des Lebens auf See.

Es gibt ausreichend Gründe anzunehmen, daß gegorene Getränke der Gesundheit auf See dienlich und förderlich sind – nicht aber harte Spirituosen.

Dr. James Lind – 1757

Ich vertrete die Ansicht, daß trotz ernsthafter Versuche, den Alkoholkonsum an Bord von Segelschiffen einzudämmen, dennoch nicht bestritten werden kann, daß Weine und andere alkoholische Getränke, die an Bord den Männern zu trinken erlaubt sind, einen recht bemerkenswerten Einfluß auf die Gesundheit der Seeleute ausüben.

Unbestritten hat der Mißbrauch alkoholischer Getränke, speziell das maßlose Herunterkippen großer Mengen solcher Flüssigkeiten in unverdünntem Zustand, in fast jedem Klima, fatale Folgen und ist der Ruin für Tausende von Seeleuten.

Auf der anderen Seite ist es so gut wie sicher, daß speziell in ungesunden Klimazonen diese Getränke bei richtiger Dosierung und Anwendung eine hochwirksame Medizin darstellen.

Offiziere erfahren das täglich am eigenen Leibe, da sie bei weitem mehr trinken als der gemeine Seemann.

Beobachtungen und Untersuchungen haben uns ausreichend belehrt, daß destillierter Alkohol, gut verdünnt und gesäuert, in gemäßigten Mengen der angespannten Gesundheit auch in heißen Klimazonen überaus zuträglich und förderlich ist . . .

Es ist nicht zu umgehen, daß etwas getan werden muß, um die Gesundheit dieser Männer zu stärken, und es hat den Anschein, daß „Punsch" die beste Lösung für dieses Problem ist. Neben den kühlenden, erfrischenden und stärkenden Eigenschaften scheint „Punsch" auch das beste Mittel zu sein, sämtlichen Krankheiten vorzubeugen, die durch Hitze und feuchtes Wetter verursacht werden.

händler verließen die Häfen des Niederrheines und die Piraten ihre felsigen Verstecke. So ging es Jahr um Jahr. Piraten und Weinhändler trafen sich mit der Regelmäßigkeit einer Sonnenuhr, ein jeder auf sein Wohl bedacht, in einer Art friedlicher Koexistenz.

Mächtigere Könige, größere Schutzflotten, Neuerungen im Weinhandel – all das, was man gemeinhin und leichtfertig als Fortschritt zu bezeichnen pflegt – bereiteten diesem Spiel im 15. Jahrhundert ein jähes Ende. In den letzten Becher Rhein oder Mosel mag sich so manche Seeräuberträne gemischt haben, vergossen in Wehmut und Trauer ob der vergangenen Zeiten. Die „Jolly Rogers" der Weinpiraten mußten eingeholt werden – wieder einmal war ein Zeitalter zu Ende gegangen.

Europa fing an, sich zu mausern und versuchte seine geografischen Fesseln zu sprengen. So begannen auch die Schiffe sich langsam von den Küsten zu lösen, an die sie sich Jahrhunderte lang krampfhaft geklammert hatten. Sie wagten sich weiter und weiter aufs offene Meer hinaus. Reisen wurden nicht mehr nach Tagen oder Wochen bemessen, sondern Monate und auch Jahre wurden gezählt.

Auf den nun oft monatelangen Reisen und Überfahrten schlich sich ein neuer Plagegeist an Bord. Zuerst unbemerkt, doch dann von einem jeden gehaßt: die stumpfsinnige Monotonie und langweilige Routine der täglichen Arbeit. Segel heißen, Segel niederholen, Segel wechseln, Segel reparieren – und nach der Essensausgabe – dasselbe noch einmal. Alles, was auf der letzten Reise gerade poliert, gesäubert, geölt, gelackt, gestrichen und bepinselt worden war, mußte erneut poliert, gesäubert, geölt, gelackt, gestrichen und bepinselt werden. Die einzige Verschnaufpause vom harten Tagewerk – wenn ein Seemann ermattet über die Weite des Meeres blicken, von fernen Häfen, einer Braut oder einem tropischen Landfall träumen konnte – war der Moment der Alkoholausgabe. Die „Flasche" wurde zum Inbegriff der Freuden und Träume und war auch vielleicht das einzige Bindeglied für die Männer vieler Nationen von „vor – hinter – und auf dem Mast". In Ermangelung anderer Gesprächsthemen drehte sich früher oder später alles um ihn – den „König Alkohol", wie Jack London ihn nannte. Man unterhielt sich über Größe und Qualität der Rationen – Geschmack und Stärke wurden diskutiert. Die Drinks der vergangenen Reisen, die Drinks ferner Inseln, Drinks der Hafenkneipen und

Klönschnack im Mannschaftslogis. Der Alkohol half nicht selten auch über die Sprachschwierigkeiten der aus allen Ekken der Welt zusammengewürfelten Mannschaften hinweg

Tanzhäuser – sie alle wurden bei der untergehenden Sonne aus der Erinnerung hervorgekramt. Ob eine Geschichte erzählt, ein Shanty gesungen oder mit wehem Herzen der Heimat gedacht wurde, tief im Innern eines jeden pochte „König Alkohol" auf sein Recht.

Um der Gerechtigkeit willen muß allerdings die Tatsache unterstrichen werden, daß sich zu dieser Zeit an Bord seefahrender Schiffe kaum etwas anderes Trinkbares als Alkohol finden ließ. Wasser war auf keinen Fall eine akzeptable Alternative. Das Trinkwasser wurde normalerweise aus dem Fluß gepumpt, wo man gerade vor Anker gegangen war; und schon in jenen Tagen waren Häfen und Flüsse Europas nicht unbedingt von Trinkwasserqualität. Nicht einmal baden mochten die Männer in diesem Wasser – doch daß damit die Wassertanks gefüllt wurden, schien die einfachste und normalste Sache der Welt zu sein.

Schlimmer noch, weder Offizieren noch Mannschaften kam es je in den Sinn, die Tanks gelegentlich auch einmal zu reinigen; oft wurden sogar alte, für Öl, Fett und Tran unbrauchbar gewordene Fässer einfach mit Trinkwasser gefüllt.

John Masefield,
Leben an Bord zur Zeit Nelsons

Weihnachten wurde an Bord immer mit einem freien Tag und einem ausgelassenen Saufgelage gefeiert. Schon vier Wochen vor dem Fest begannen die Männer ihre Grogrationen aufzubewahren.

$1/2$ Liter täglich – genug, um jede lebende Kreatur unter Deck außer Gefecht zu setzen.

Die Offiziere ließen sich an den Feiertagen nicht an Deck blicken, denn ein feuchtes Christfest an Bord war eine nicht ungefährliche Angelegenheit. Betrunkene Männer lagen zu Hauf an Deck – ein jeder da, wo ihn gerade die Kräfte verlassen hatten.

Die Tatsache, daß man am nächsten Morgen beim Aufräumen drei Männer fand, die sich zu Tode getrunken hatten, erregte keinerlei Aufsehen, da dies als normal anzusehen ist.

Wen kann da Aussehen, Geruch und Geschmack wundern – wer kann die Aussage eines Kapitäns in Zweifel ziehen, der schreibt: „Es ist als völlig normal anzusehen, daß der Inhalt der Wassertanks dickflüssig, tranig, schlammig und voller grüner Teilchen ist."

So berichtet auch ein junger Offizier, einer von Sir Raleighs Schiffen: „Der Geschmack ist so faul, daß sich sogar einem Tier der Magen umdrehen muß".

Man kann somit leicht verstehen, daß Seeleute so etwas wie eine allgemeine nautische Aversion gegen Wasser entwickelten – egal wie sauber, klar und frisch es auch einmal gewesen sein mag.

Wenn Not am Mann und das Schiff schon seit Wochen in der glühenden Hitze der Roßbreiten dümpelte, war es immer noch früh genug, dem Körper und der Seele Wasser zuzumuten. Aber auch in dieser Not- und Ausnahmesituation vermochten nur wenige, das Wasser pur herunterzuschlucken. Um den Geschmack einigermaßen erträglich und das Wasser überhaupt erst trinkbar zu machen, pflegte der Koch einige Tassen Weinessig oder gar reinen Essig dazuzuschütten.

Die Marineros und Matelots der Mittelmeernationen hielten sich meist mit schweren Landweinen über Wasser, während auf den Schiffen der Nord- und Ostsee fast ausschließlich Bier getrunken wurde. Doch auch das war keine reine und „ungetrübte" Freude. Nach wenigen Wochen auf See war das Bier schon so schal und brackig, daß man es nur mit Mühe von schlechtem Wasser unterscheiden konnte. Dennoch trank es der Seemann, wo und wieviel er nur davon bekommen konnte, und alles, was ein Seemann über sein Bier sagen konnte, war: „Ja, ja, ich weiß, es ist bitter und stinkt fürchterlich, trotzdem ..."

Ein Bootsmann behauptete sogar, „es schmeckt und riecht wie das faulige und brackige Wasser, das man aus den Kellern von London pumpt." Dennoch trank auch er ganz sicher jeden Tag seinen Anteil.

Um ein Minimum an Qualität zu wahren, mußten laut Gesetz die Brauer und Händler schwören, daß die Flüssigkeit in den Fässern auch wirklich Bier sei, und daß bei der Herstellung auch wenigstens Hopfen und Malz verwendet worden sei.

Ungeachtet, was die Händler auch schworen, das Bier war auf jeden Fall dünn, schwach, wässrig, „wasserfarben und überaus herb".

Auch die Handelsschiffe zu Beginn des vergangenen Jahrhunderts waren gut mit Kanonen bestückt, um sich Piraten auf Distanz zu halten. Umtrunk im Batteriedeck

Zuckerfässer werden am Strand einer karibischen Insel verschifft. 1493 hatte Columbus die ersten Zuckerrohrpflanzen nach Haiti mitgenommen. Fast vier Jahrhunderte lebte die Karibik vom Zucker und – vom Rum

Nach wenigen Wochen auf See war es dann so bitter und ungenießbar geworden, daß auch der abgehärtete Magen des übelsten Trunkenboldes an Bord dagegen rebellierte. Der schlimmste Moment einer jeden Seereise war wohl immer der Augenblick, wenn die Männer sich auf der Poop einfanden und schweigend mit ansehen mußten, wie das verdorbene Bier ins Meer gekippt wurde.

So lange aber wurde kräftig ausgeschenkt: 1 Gallone – mehr als vier Liter – acht Halbe – pro Mann und Tag. Das ist bestimmt nicht gerade wenig, doch bei der minderen Qualität kaum genug, um einen Seemann aus dem Gleichgewicht zu bringen. Um sich mit diesem Bier zu betrinken, mußte man schon den Magen eines Elefanten und die Rationen der halben Mannschaft beim Pokern oder Würfeln gewonnen haben.

War auf einer langen Reise das Bier ausgegangen oder über Bord gekippt worden, wurde den Männern häufig Wein verabreicht. An vier Liter Flüssigkeit gewöhnt, tranken sie

Das Zuckerrohr eroberte im Sturm die Karibik, Insel für Insel, und erreichte nur wenige Jahre später auch den südamerikanischen Kontinent.

Wer, wann und wie dann in der Karibik zum erstenmal etwas mehr oder weniger Trinkbares aus Zuckerrohr hergestellt hat, wird wohl für immer im Dunkel der Geschichte verborgen bleiben. Inwieweit auch hier wieder der Zufall seine von Melasse klebrigen Finger im Spiel hatte, kann nicht gesagt werden. Fest steht jedoch, daß zuerst Indianer und später auch Negersklaven sehr bald damit begannen, aus den Überresten und Abfällen der Zuckerherstellung, aus Fruchtrückständen und Säften einen berauschenden Trunk zu brauen.

eben jetzt Wein anstatt Bier, was machte das schon für einen Unterschied? Aus Reisebeschreibungen und Logbüchern geht hervor, daß Seeleute im allgemeinen Rotwein dem Weißwein vorzogen. Spanische Rote standen hoch im Kurs, besonders Rosolino und Mistela, zwei Sorten, die angeblich „wild", „grimmig", „feurig" und „verhängnisvoll" gewesen sein sollen. Sie wurden anscheinend so heiß verehrt und geliebt, daß aus Mistela – bei der oft gerühmten Phantasie aller Seefahrer – in der englischen Zunge schnell eine freundliche Miss Taylor wurde.

Dehnte sich eine Reise allzulange aus, hatte man Wochen in den Kalmen verloren, und gaben auch die Weinfässer keinen Tropfen mehr preis, dann war es schlecht um den Seelenfrieden des Seemanns.

Doch die Tage von Bier und Wein waren ohnehin gezählt. Keinem Geringeren als Christopher Columbus sollte es vorbehalten bleiben, voller Tatendrang und Energie, mit seiner salzigen Seemannshand in die Speichen der Geschichte des Alkohols zu greifen. Er, dem ein gesunder Geschäftssinn nachgesagt wurde, hatte schon auf seiner ersten Reise in die Westindies erkannt, daß für den Anbau von Zuckerrohr die klimatischen Bedingungen in Hispaniola ganz vortrefflich waren. So wundert es denn wenig, daß er auf seiner zweiten Reise in die Neue Welt, in den Jahren 1493–1496, Stecklinge in ausreichender Menge aus Madeira mitbrachte, wo seit 1420 Saccharum officinarum – das Zuckerrohr – angebaut wurde. Heinrich der Eroberer soll diese alte asiatische Kulturpflanze auf die Azoren gebracht haben, wo es zur Herstellung des „süßen Salzes" – des Zuckers – angebaut wurde und langsam den Honig als Süßstoff vertrieb.

Karibische Flibustier, wie sich ein Künstler des vergangenen Jahrhunderts ihr freies und zügelloses Leben vorstellte

Ernst F. Löhndorff, Old Jamaika Rum

Rum, alter, jahrelang in Tonnen gelagerter und dann in Korbflaschen gefüllter Jamaikarum, ist Nektar und Lethe in der Spanischen Main und sicher bald über die ganze Welt, denn es gibt nichts, das dies Getränk an Köstlichkeit überträfe!
Und während ich also schlürfe, sehe ich mannigfache Bilder vor wunschkräftigem Auge: Schwarze und weiße Sklaven (englische und französische Staatsverbrecher für die westindischen Plantagen), wie sie das Zuckerrohr mit schwertartigen Machetenmessern fällen. Die purpurn bereifte Art und die andere hellgrün bereifte Art. Und wie Esel und Maultiere, die so gerne die Schwertblätter und das ausgepreßte holunderartige Rohr fressen, mit den schweren rauschenden Bündeln zur Mühle ziehen. Und wie ein anderer Esel geduldig mit verbundenen Augen um die Presse im Kreise läuft. Halbnackte Männer füttern die Querzähne der Maschine mit Zuckerrohrstäben, und dick fließt der Saft aus dem Trichter und lockt Bienen und Wespen herbei, und kleine nackte Bübchen tunken die Finger ein und schlecken sie strahlend ab.

Und aus dem Saft wird entweder die Form der Miniaturzuckerhütchen von dunkelbrauner Farbe mit muschelartigem Glanz – oder destilliert daraus der junge, das Gehirn des unweisen Trinkers versengende, in wahnsinnigen Aufruhr versetzende und nachher seinen Magen umstülpende Rum. Rum!

Der in Eichentönnchen gefüllt, jahrelang lagert und dann duftend und milde wird und wunderbar schmeckt und des Menschen Seele und Gemüt heilt und aussieht, als hätte er das Licht und den funkelnden Tau schillernd in sich aufgefangen.

Rum! – Wäre ich ein Dichter wie Weiland Forster auf Tortuga, so würde ich viele Loblieder über den Rum schreiben. Schönere und schrecklich süßere als die Ilias!

Zuckermühle auf den Westindischen Inseln. Die Rum-Destillerie lag häufig gleich daneben

> *Herman Melville, Moby Dick*
>
> Oh ja, wir stürzten den Rum hinunter mit einer Geschwindigkeit von 10 Gallonen pro Stunde, und als die Bö kam – denn da unten in Patagonien geht's böig zu – und alle Mann gerufen wurden, die Marssegel zu reffen, da waren wir alle so überstürzig, daß wir uns, Bulinen um die Hüften, gegenseitig hinaufheißen mußten. Geistesabwesend und trunken machten wir die Schöße unserer Röcke gleich mitsamt den Segeln fest und hingen nun da, festgerefft im heulenden Sturm – ein warnendes Beispiel für alle trinkenden und unmäßigen Teerjacken.

Doch noch fast hundert Jahre sollten die atlantischen See‍ gegen die Gestade der karibischen Inseln anrollen, ehe d‍ erste richtige „Feuerwasser" der Karibik aus einem Dest‍ liergerät tropfte, ein Fusel, „an dem man sich leicht zu Tod‍ trinken kann, dessen Dämpfe giftig und dessen Transpo‍ äußerst gefährlich ist."

Holländische Flüchtlinge, die von den Portugiesen Mit‍ des 17. Jahrhunderts aus Brasilien vertrieben worden ware‍ und auf den Inseln der Karibik eine neue Heimat gefunde‍ hatten, waren es schließlich, die sich mit ihrer Kenntnis d‍ Destillation um die Rumherstellung in der Karibik beso‍ ders verdient gemacht haben und den Rum eigentlich erst z‍ dem machten, was er heute noch ist: die flüssige „golden‍ Sonne" der karibischen Inselwelt.

Ein Getränk, so recht nach dem Herzen eines in Leid un‍ Freud erfahrenen Seemanns. Ein Getränk, das nicht sau‍ wird wie das Bier, nicht zu Essig wie der Wein, sondern d‍ sich sogar geschmacklich immer mehr verbessert, je läng‍ die Fahrt dauert und es in den Holzfässern hin- und he‍ schwappt. Danach hatte man seit Menschengedenke‍ gesucht!

Schnell eroberte sich das neue Getränk Focksel und Hä‍ gematten.

Schon Anfang des 17. Jahrhunderts verließ kaum noch e‍ Schiff einen Hafen, ohne nicht einen ausreichenden Vorr‍ an Zuckerrohrschnaps – sei es jetzt Rum, Cana oder son‍ eine Abart dieses rohen, wilden und berauschenden Inselsa‍ tes – an Bord zu haben.

Auch Offiziere und Kapitäne fanden schnell Gefallen un‍ Geschmack an diesem neuen Trunk, erwarben sich Kenn‍ nisse in Herstellung, Pflege und Transport der ‚goldene‍ Sonne' und wußten einen Jamaika sehr wohl von einem S‍ Croix zu unterscheiden. Auf Grund ihres Wissens und ihre‍ Fachkenntnis waren sie bald bei den europäischen Rumha‍ delshäusern als Einkäufer sehr gefragt, und nicht wenig‍ sattelten schließlich ganz um und stellten Nase, Zunge un‍ Patent in den Dienst der Herren Importeure. So wurde‍ Kapitäne und Offiziere zu Rum-Spezialisten, die ihre Aus‍ bildung vor Ort im wahrsten Sinne des Wortes „genossen‍ hatten.

Der aufblühende Indienhandel und die Gründung de‍ Ostindien-Kompanien in Holland, England und Frankreic‍ an der Wende zum 17. Jahrhundert leitet ein weiteres, wen‍

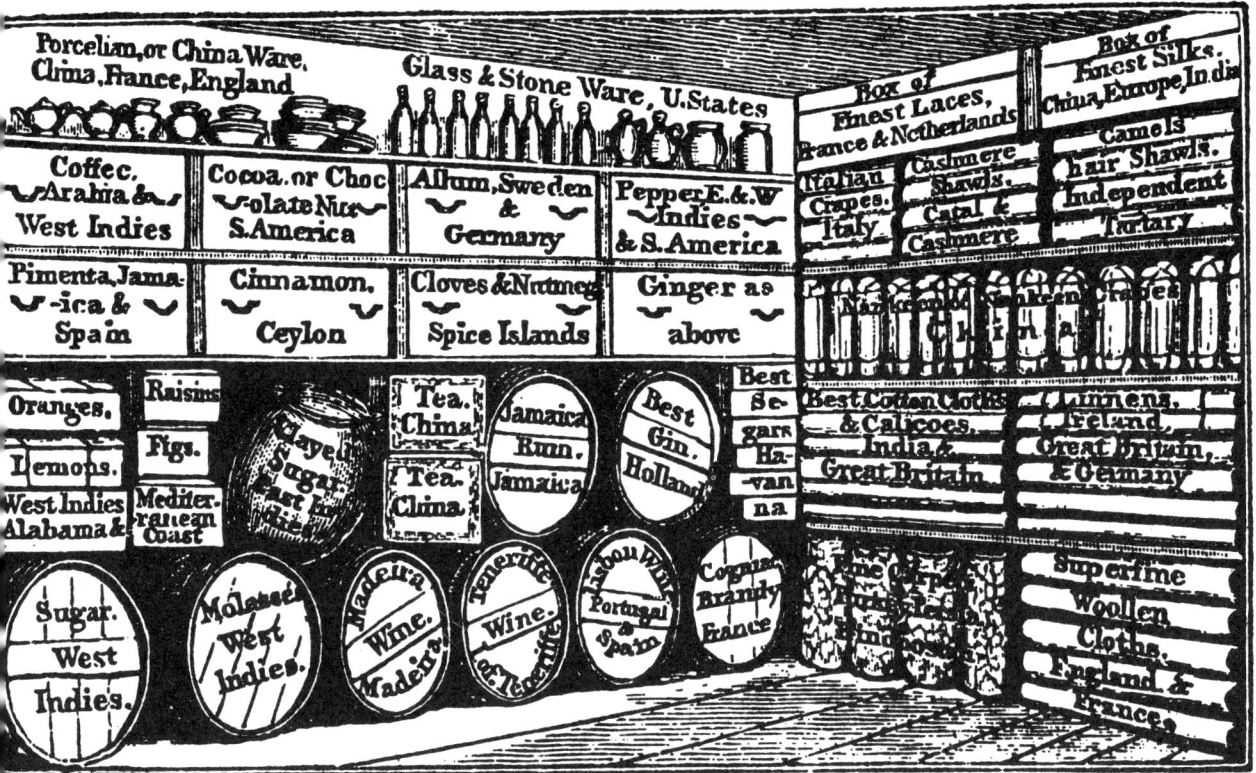

uch nicht gerade rühmliches Kapitel in der Geschichte der eefahrt ein. Was den Indienhandel so lukrativ und anziehend machte, waren neben den Geschäften mit chinesischem ee und Tüchern die horrenden Gewinne im Pfefferhandel, ie nicht selten tausend Prozent betrugen. Kein Wunder, daß ast alle seefahrenden Nationen sich ihren Teil des Kuchens ichern wollten und daß erbittert und mit allen kaufmännichen und politischen Tricks gearbeitet und gekämpft wurde.

Überall wurden rasch Schiffe zusammengezimmert und in ürzester Zeit konnten die Holländer 150 Transport- und 30 Kriegsschiffe im Indienhandel einsetzen. Die Engländer waen ebenfalls nicht müßig und stellten innerhalb von sechs ahren 16 große Handelsschiffe auf die Beine beziehungs-weise auf den Kiel. Damit stieg natürlich auch die Nachfrage nach Seeleuten ganz erheblich. Der Beruf des Seemanns in jener Zeit war bar jeder gesellschaftlichen oder auch finanziellen Anerkennung, und in England und auf dem europäischen Festland war es gang und gäbe, daß Eltern ihre überzähligen oder mißratenen Söhne mit dem heimlichen Wunsch zur See schickten: „Komm niemals mehr zurück!" Die Chancen für diesen frommen Wunsch standen meist gut und viele taten ihren Eltern den Gefallen.

Das Essen an Bord der Schiffe auf ihrer langen und beschwerlichen Fahrt war schlecht, Disziplin schwer zu halten, Mord- und Selbstmordraten waren enorm hoch, und wer den Sturz von der Rah, eine Messerstecherei in der Focksel, die

Was war aber schon ein Landgang ohne eine richtige handfeste Keilerei? Das „schönere Geschlecht" spielte dabei nicht selten eine auslösende Rolle

Peitsche des Kapitäns und die Produkte der Kochkunst überlebte, hatte große Chancen, vom gaumenzerstörenden Skorbut geschafft zu werden.

Schon recht früh hatten Ärzte und Kapitäne damit begonnen, die todbringende Krankheit zu studieren und sich nicht mehr mit den althergebrachten Heilmethoden wie Aderlaß oder Purgation zu begnügen.

1590 hatten Sir Richard Hawkins und 1600 Sir James Lancaster bei ihren Kaperfahrten der Englischen Ost-Indien-Kompanie die Männer ihrer Schiffe zu täglich drei Löffeln eingedicktem Zitronensaft ‚verurteilt'. Dadurch waren ihre Schiffe fast verlustfrei, während auf den Begleitschiffen die Sterberate bis zu 40% betrug.

Trotz dieses Erfolges blieb dem Zitronensaft als Medizin gegen den Skorbut die Anerkennung versagt; ja er kam sogar in Verruf, war er doch eher etwas für Weiber und kleine Kinder als für einen gottesfürchtigen Seemann. Der hielt sich lieber an einen kräftigen Schluck aus der Flasche,

von der Schiffsführung nur mit rauher Hand und der Peitsche beigelegt werden konnten. Erst in den Zielhäfen durften sich die Männer richtig austoben, und das taten sie denn auch und tranken und kippten in sich hinein, was Zeug und Magen hielten – je stärker desto besser.

Daß dabei nicht selten englische und holländische Seeleute in heftige Streitereien gerieten, wundert wenig. Überliefert ist die Geschichte des englischen Matrosen John Roan, der volltrunken den Holländer John Peterson erdolchte und

---

Das Leben der Seeleute, Hamburg, 1931

60 Seemannsohren im Pökelfaß

In New York gab es um 1850 eine Hafenspelunke mit dem schönen Namen „Loch in der Mauer". Bewirtschaftet wurde sie vom einarmigen Monell und Meg Gallus, einem riesenhaften Weib. Beide nahmen Seeleute für Kost, Logis und Brandy phantastische Preise ab. Beschwerte sich einer, schlug ihn die rothaarige Meg kurzerhand zusammen und biß ihm ein Ohr ab. Es wanderte in ein mit Salzlauge gefülltes Pökelfaß hinter der Bartheke. Als die Polizei das „Loch in der Mauer" schloß, entdeckte sie über 60 eingepökelte Seemannsohren in dem Faß.

In Boston (Massachusetts) war die „Schwarze Maria" Schrecken aller Seeleute. Die bullige Negerin nahm es bei einer Schlägerei gleichzeitig mit drei Männern auf. Ihre bewußtlosen Opfer wurden an Klipper verkauft, die nach Australien ausliefen.

---

hieß es doch, Skorbut sei auf eine Verdickung des Blutes zurückzuführen. Und der Alkohol hatte gleich zweierlei Wirkung: Er verdünnte das Blut, und er ließ das unmenschliche Leben an Bord während der langen Überfahrten um so vieles menschlicher und erträglicher erscheinen. So sagte man damals: „Ein Indienfahrer ohne eine Flasche Rum, Genever oder Arrak ist wie ein Schiff ohne Ruder."

Verständlich, daß es unter diesen Umständen nicht selten auf hoher See zu blutigen Auseinandersetzungen kam, die

daraufhin von seinem Kapitän und den Schiffsführern der „Palsgrave" und „Moon Bull" zum Tode durch Hängen an der Rah verurteilt wurde.

Der Kapitän, den es um den armen Teufel dauerte, ließ ihm einen ganzen Liter des besten Rums bringen, „daß er sich betrinke und Schmerz und Angst von ihm genommen werde".

Nachdem John Roan die Flasche halb geleert hatte, richtete er ein eindringliches Abschiedswort an seine Kameraden:

„Nehmt mich als warnendes Beispiel! Als ich dem Mann das Messer in die Brust stieß, war ich betrunken wie von Sinnen und wußte nicht was ich tat. Schuld an meinem Schicksal sind Rum, Wein und – nicht zu vergessen – die Weiber."

Die Seeleute aller Meere von der Geißel des Skorbuts zu befreien, sollte den Herren Lind und Blane vorbehalten bleiben. 1747 testete Lind Zitronen- und Orangensaft, Apfelwein, Seewasser und verschiedene andere Tinkturen aus der Drogenküche der Herren Medici an Seeleuten, die an Skorbut erkrankt waren. Er fand schnell heraus, daß nur bei den Männern, die Orangen- oder Zitronensaft getrunken hatten, eine deutliche Besserung eintrat, während sich der Zustand der anderen nur noch weiter verschlimmerte. Daraufhin machte er die Gegenprobe und verordnete auf einem ‚gesunden' Schiff Zitronensaft als Vorbeugemittel. Und siehe da . . . Lind und seine Zitronen hatten Erfolg.

Es sollte allerdings noch fast eineinhalb Jahrhunderte dauern, ehe die Erkenntnisse und Ergebnisse der Lindschen Versuche Eingang in die offizielle Schiffsmedizin fanden. Auf jeden Fall wurden sie das Fundament für die späteren Lime-Juice-Verordnungen aller seefahrenden Nationen, speziell für die Limetta Akte aus dem Jahre 1894.

In der britischen Navy wurde seit 1650 Rum pur ausgegeben – ½ Liter pro Mann und Tag – gereicht morgens und abends zu gleichen Teilen. Meist aber hoben die Männer einen guten Teil der Morgenration für den Abend auf, und so wurden nach dem Abendessen an Deck oder in der Focksel wahre Trinkgelage abgehalten. Was sollte man denn auch sonst mit der Freizeit und dem Frei-Rum anfangen? Jeder mixte sich sein Spezialgetränk – süßlich – hart – stark – zum Beispiel Bimbo – ein Gebräu aus Rum, Rum, Rum, Zucker, Muskat und Wasser. Letzteres konnte man bedenkenlos weglassen, ohne dem Getränk wesentliche Bestandteile zu entziehen und Gefahr zu laufen, seinen Charakter entscheidend zu entstellen.

So sah es unter Deck eines britischen Kriegschiffes manchmal wie in einer Hafenkneipe oder Taverne aus: Männer lehnten und lagen ausgestreckt zwischen Kanonen und Luken – in den verschiedensten Stadien der Trunkenheit. Ein jeder gerade da, wo ihn seine Trinkkräfte und Beine im Stich gelassen hatten. Ein Kapitän schreibt in seinem Bericht:

„Ich bin der festen Überzeugung, daß es beileibe nicht übertrieben ist, zu behaupten, daß ein Drittel einer jeden

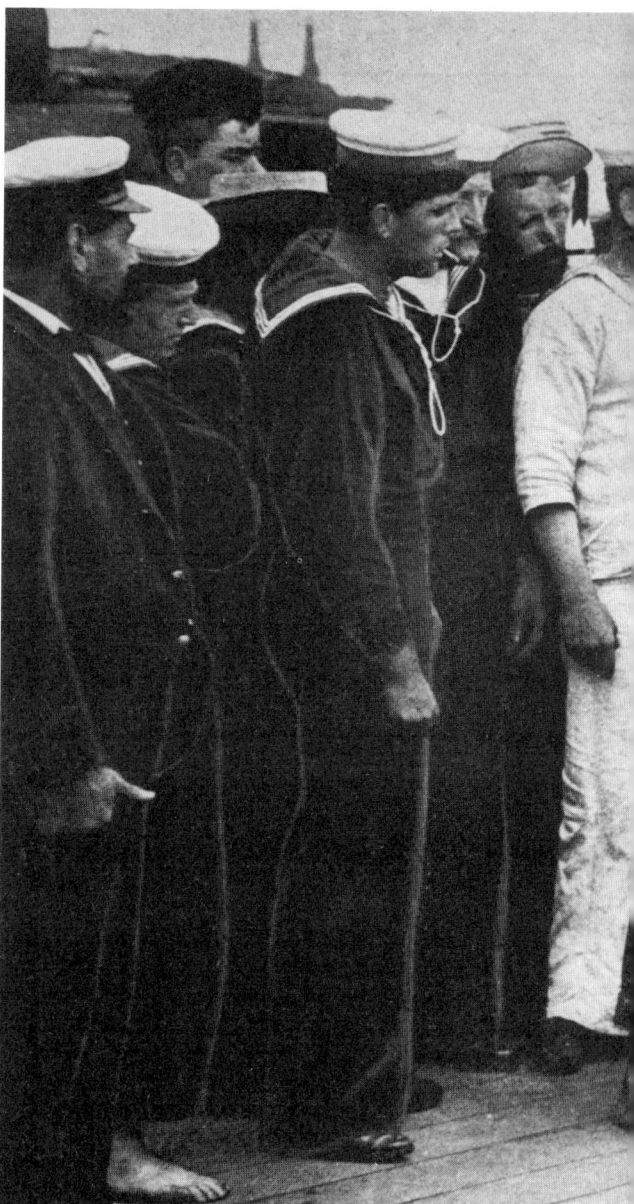

„Es solle jedermann die Ration erhalten, welche ihm zustehet." Rum-Ausgabe auf einem englischen Kriegsschiff

B. Traven, Das Totenschiff

Das Deck war nicht erleuchtet, um Petroleum zu sparen. Ich schlug mir viermal die Schienbeine auf, ehe ich bis zum Forecastle kam. Was da alles auf dem Deck herumlag, läßt sich nur dadurch näher beschreiben, daß ich sage: Da lag alles auf dem Deck herum. Alles, was die Erde hervorbringt, je hervorgebracht hat. Unter diesem „Alles" lag sogar der Schiffszimmermann, total besoffen und hilflos wie eine Bordkanone ohne Munition. Später erfuhr ich, daß er sich in fast jedem Hafen so mit Rum vollaufen lasse, daß er in den ersten Tagen auf See noch nicht einmal fähig sei, das Deck zu kehren.

Und dennoch äußerte sich der Skipper des öfteren, daß seine Männer „echte Perlen" und „Klasse Seeleute" seien.

Schiffsbesatzung jeden Abend mehr oder weniger vom Alkohol vergiftet, zumindest aber unzurechnungsfähig und benommen ist."

War das Wetter hart, und es galt, gefährliche Situationen zu meistern, wurden die Rum-Rationen verdoppelt. Die Admiralität war sich sehr wohl bewußt, daß in einem Moment, da sich das Schiff noch unschlüssig war, ob es durchkentern oder besser gleich sinken sollte, nur noch ein vom Alkohol beflügelter Seemann überhaupt dazu zu bringen war, in die Takelage zu entern und dabei nicht selten den Hals zu riskieren.

Die doppelte Ration führte aber auch dazu, daß der nicht so trinkfeste „schwächlichere" Teil der Mannschaft es gar nicht erst bis an Deck schaffte, geschweige denn in den Mast und auf die Rah. Er ritt dann den Sturm in leidlich betäubtem Zustand in der Hängematte ab. Die Rechnung der Schiffsführung war simpel und ging fast immer auf: Lieber mit der Hälfte der Männer alles zu riskieren, als sich mit einer verängstigten und arbeitsunwilligen Horde herumzuschlagen und mit dem Schiff zum Teufel zu gehen.

Einige weise und vorausschauende Schiffsärzte hatten allerdings schon gegen Ende des 17. Jahrhunderts die Gefährlichkeit derart hoher Rumrationen für Leib und Seele des Seemannes erkannt und wußten zu berichten, daß Vergiftungen, Leberschmerzen, Ruhr, fiebrige Schwächeanfälle und viele durch Alkoholeinfluß verursachte Unfälle oft ganze Schiffe lahmlegten.

Doch die Sorge der Männer in der Focksel galt weniger ihrer Gesundheit als vielmehr der Vorstellung, jemand könnte sich unbefugt und mit unlauterer Absicht im Lagerraum an den Rumfässern zu schaffen machen und den Vorrat vielleicht panschen. Gerüchte dieser Art wurden immer wieder laut, und es wurde geraunt und geflüstert, daß sich Kapitän, Steward oder einer der Offiziere im Dunkel der sternenlosen Nacht in den Vorratsraum geschlichen habe, um den Rum zu ‚wässern'. Auch dem Koch traute man ohne weiteres zu, sich nächtens am gemeinsamen Gut zu versündigen. Um unlautere Panschereien aufzudecken und auch um festzustellen, wieviel Wasser überhaupt dem Rum schon zugesetzt worden war, entwickelten Seeleute ihre eigene Prüfmethode:

Etwas Rum wurde mit Schießpulver gemischt und angezündet. Enthielt der Rum 50% Alkohol oder mehr, sollte er sich leicht entzünden lassen. Ließ sich die Mischung hingegen nicht in Brand stecken – oder flambieren – war der Alkoholgehalt des Rums zu gering und er galt als nicht geprüft (proofed). Das heißt also: 50% Alkoholanteil sind 100% Proof. Das ist der wahre Ursprung für die noch heute gebräuchliche englische Qualitätsbezeichnung für gebrannten Alkohol.

Mit Rum von 100% Proof gaben sich die Seeleute indes zufrieden; reichte er doch allemal, die vielen Ungereimtheiten und Nachteile eines harten Seemannslebens zu vergessen – wenn auch nur zeitweise.

Im Jahre 1740 deuteten sich harte Zeiten für die christliche Seefahrt an. In diesem Jahr beschloß der britische Admiral Vernon, dem „verantwortungslosen und unehrenhaften Tun" zumindest auf seinen Schiffen ein Ende zu bereiten und gegen das – wie er sagte – „schweinische Laster der Trunksucht" zu Felde zu ziehen. Kurzentschlossen ließ er die Rumrationen mit Wasser verdünnen, und zwar im Verhältnis 1 : 2. Die zwei Teile bedeuteten – zum Leidwesen des geprüften Seemanns – Wasser. Von nun an wurde auf Vernons Schiffen jeden Morgen und jeden Abend an Deck der ‚ungleiche Trunk' in einem großen Waschtrog gemixt. Damit auch alles seine Richtigkeit habe, wurde ein Offizier dazu abgestellt.

Ein kühner Schritt des Admirals – vielleicht die bemerkenswerteste Tat in seiner ganzen militärischen Laufbahn. Warum sich die britische Marine nicht wie ein Mann gegen den Admiral erhob – wir wissen es nicht. Vielleicht waren Vernons Männer gerade wieder einmal viel zu sehr betrunken, um die Tragweite der neuen Verordnung recht ermessen zu können. Vielleicht war sie ihnen noch einmal mit einer doppelten Ration „schmackhaft" gemacht worden.

Später rächten sich die geschädigten Seeleute, indem sie

Ben Backstay

– ein Opfer der britischen Grog-Verordnung. Von ihm berichtet eine Seemannsballade, daß er ein allzeit fröhlicher Bootsmann war, und keiner so gut wie er alle Mann an Deck pfeifen konnte. Doch eines Tages gab ein Kapitän, der es gut mit der Mannschaft meinte, eine doppelte Ration Grog aus. Ben Backstay fiel, „blau bis in sein Allerinnerstes", über Bord, ein hungriger Hai biß ihm den Kopf ab. Fortan erschien Bootsmann Backstay als kopfloser Geist über den salzigen Meeren, pfiff die Männer vorübersegelnder Schiffe auf die Back und warnte sie: „Durch Trinken verlor ich mein Leben, daß euch mein Schicksal nicht ereile, vermischt niemals euren Rum, sondern trinkt ihn immer unverdünnt." – Wer vermöchte sich solcher umwerfenden Logik zu entziehen?

Rum-Verordnung von Edward Vernon

Rückfragen bei Kapitänen und Wundärzten, meinen allgemeinen Befehl vom 4. August betreffend, haben ergeben, daß beide, Kapitäne und Ärzte uneingeschränkt der Meinung sind, daß der äußerst lasterhafte Brauch der Seeleute, ihre Ration in kleinen Schlucken oder gar auf einmal zu trinken, von vielen fatalen Erscheinungen begleitet wird, die sich auf die Moral und die Gesundheit derselben beziehen – was ein jeder leicht erkennen kann.

Ganz abgesehen von der eigenverschuldeten Verkürzung ihres Lebens durch derartiges Trinken und den krankhaften Konsequenzen, ihre rationalen Qualitäten betreffend, werden sie zu hilflosen und willenlosen Sklaven und somit den teuflischsten Leidenschaften ausgeliefert.

Nach der eindeutigen Meinung der Herren Kapitäne und Medici kann der Situation nicht besser Abhilfe geleistet werden, als durch den Befehl, der Seeleute tägliche Ration Rum von einem halben Pint zu mischen mit einem Quart Wasser.

Welche von ihnen es nicht an Verstand ermangeln lassen, können vom Gesparten Salz und Brot an Bord problemlos Zucker und Limonen erstehen und so den Trunk geschmackvoller machen.

Die Kapitäne und Wundärzte sind gehalten – da sie gleichzeitig auch die Verantwortung über das geistige und körperliche Wohlbefinden der Diener seiner Majestät mit zu tragen haben – für Nüchternheit einzutreten und über Ordnung und Disziplin in der Königlichen Marine zu wachen; es gehört ab sofort zu ihren Obliegenheiten, ernsthaft und peinlichst dafür zu sorgen, daß des Seemanns tägliche Ration Rum von einem Pint pro Mann jeden Tag gemischt wird mit der Proportion von einem Quart Wasser zu jedem halben Pint Rum. Gemischt soll es werden in einem Faß, das eigens für diesen Zweck bereitgehalten werden soll, an Deck und überprüft von einem Wachoffizier, der darauf zu achten hat, daß die Männer nicht um Teile ihrer Rumration betrogen werden.

Und wenn es so gemischt ist, soll es dem Seemann gereicht werden in zwei

Ausgaben am Tag: eine zwischen 10 und 12 am Vormittag und eine andere zwischen 4 und 6 Uhr am Nachmittag.

Auch sollen andere Fässer bereitgestellt werden, um Trinkwasser für die Männer frisch und luftig zu halten, falls es sie dürstet während der Arbeit.

Leutnanten und Offizieren muß eingeschärft werden, jeden Schmuggel und heimliches an Bord bringen von Rum und anderen alkoholischen Getränken in eigenen oder auch anderen Booten zu unterbinden.

Sie, meine Herren Kapitäne und Ärzte, haben für die Durchführung meines Befehles Sorge zu tragen und werden verantwortlich gemacht für alle Folgen und Krankheiten, die sich aus einer Mißachtung dieser meiner Order ergeben könnten.

Diese Order ermächtigt Sie zur Durchführung meines Befehles. Mir zur Unterzeichnung vorgelegt, an Bord H.M. „Burord" am 21. August 1740.

Edward Vernon, Esq., Vice Admiral of the Blue, and Commander-in-Chief of His Majesty's Ships and Vessels in the West Indies

den neuen verwässerten Trunk mit dem Spitznamen des Admirals bedachten. Dieser wurde wegen seines alten schäbigen Mantels aus Grogram (einem Gewebe aus Seide und Kamelhaar) „Old Grog" genannt. Und als solcher hielt er Einzug in fast alle Sprachen dieser Welt. So jedenfalls will es die Legende.

Obwohl der Rum in der Folgezeit also überreichlich mit Wasser aufbereitet wurde, hatte sich die Rum-Menge der täglichen Ration nicht geändert. Nach wie vor stand jedem Seemann täglich ein halber Liter „Teufelssaft" zu, nur mußte er jetzt viermal soviel Wasser dazutrinken, um beseligt auf die Decksplanken oder in seine Hängematte sinken zu können. Das blieb so bis zum Jahre 1824. Da erst ging es den beklagenswerten Lords der Royal Navy echt ans Leder, beziehungsweise an den Rum. Anstatt ihn noch weiter zu verwässern, wie es von vielen Kapitänen vorgeschlagen worden war, beschloß die Admiralität diesmal, die Rumration selbst um die Hälfte zu kürzen. Leidtragender war – wie so oft im Leben – wieder einmal der einfache Mann.

Kapitäne und Offiziere konnten selbstverständlich beliebig viele Flaschen, Kisten und Fässer des begehrten Naß in ihre Kammern und Unterkünfte bringen lassen und sich unbeschränkt an dem geistigen Gut gütlich tun. Um so eifriger und beredter wußten sie ihren Männern die neuerlichen Beschränkungen zu verklaren, daß „dies dem Wohl aller an Bord förderlich sei und daher kein Grund zur Beschwerde vorliege, zumal auch gleichzeitig die Rationen an Tee und Kakao erheblich erhöht worden seien."

Was aber scherte Hein Seemann das Wohl aller? Was kümmerte ihn Tee und Kakao? Er fühlte sich in seinen Grundrechten beschnitten, ausgebeutet und bestraft.

Natürlich hatten die Schiffsführungen längst herausgefunden, „wer den Grog kontrolliert, kontrolliert das Schiff", wie es damals hieß. Wenn es um Law und Order ging, tat der Zapfhahn gleich gute Dienste wie die Peitsche. Rumrationen wurden halbiert, verdoppelt, verbessert oder weiter verwässert – so hielt man den Mann bei der Stange, machte ihn willig und willenlos zugleich. Gelegentlich kam es dann auch zu Aufruhr und Rebellion, wenn Kapitäne versuchten, die Männer trockenzusetzen. Dann fielen Koffeynägel und Marlspieker aus der Takelage, fanden sich Öl und Fett auf dem Achterdeck oder wurde gar kleingeriebenes Glas im Essen des Kapitäns entdeckt.

Ging der Rum-Vorrat während einer langen Reise einmal zur Neige – was hin und wieder schon einmal passierte – dann änderte sich die Atmosphäre an Bord schlagartig. Verdünnen, gut und schön, aber den Seemann ganz trocken fallen lassen, das war doch noch etwas anderes. Da mußte er sich etwas einfallen lassen und zur Selbsthilfe schreiten. Zuerst galt seine Aufmerksamkeit der Fracht. Jeder wußte zu jeder Zeit bis ins Detail genau, was im letzten Hafen geladen und was sich im Frachtraum seines Schiffes befand. Da erfanden Seeleute die wunderlichsten und genialsten Methoden, um lautlos in Laderäume einzubrechen, in der Dunkelheit und ohne Kran tonnenschwere Kisten zu verrücken und schwervernagelte Behälter nur mit dem Marlspieker zu öffnen.

Wurde nichts Trinkbares im Laderaum aufgestöbert, waren die Privatladeräume der Herren Offiziere als nächstes an der Reihe. Sollten sich diese wider Erwarten ebenfalls als „trocken" erweisen, dann war den Seeleuten in ihrer Verzweiflung eigentlich alles recht – war es nur trinkbar. Da wurde auch nicht vor des Kochs Essigflasche haltgemacht.

Nach all diesem ist es wohl müßig zu fragen, welches Unglück einen Seemann härter treffen konnte als der völlige Entzug, welches Los für ihn grausamer sein konnte, als die Reise auf einem „trockenen" Schiff. So formulierte einer der Offiziere des Weltumseglers Cook: „Ein Seemann wolle lieber von seinem Leben scheiden, denn von seinem Rum."

Einmal trieb die Sucht nach Alkoholischem sogar makabre Blüten. Nach der Seeschlacht von Trafalgar, die der britischen Flotte den Sieg, ihrem Admiral Nelson aber den Tod brachte, sollte die Leiche Lord Nelsons nach England überführt werden. Damit die sterblichen Überreste aber auch noch in einem einigermaßen respektirlichen Zustand in London einträfen, hatte man sie in eine Holzwanne gelegt und diese aus Konservierungsgründen mit Rum gefüllt. Durch diesen unvorhergesehenen Rumverbrauch stellte sich eine Verknappung bei der täglichen Rum-Ausgabe an die Besatzung ein. Kurz entschlossen zogen einige Freiwillige der Ehrenwache hin und wieder mal den Stöpsel aus der

Stauen der Lebensmittel. Hauptsache, die Schnapslast stimmte, denn schlimmer als der Hunger waren „trockene" Schiffe

Wanne und legten Seine Lordschaft auf diese Weise allmählich trocken. Nachdem diese Geschichte in der seefahrenden Welt die Runde gemacht hatte, nannte man jedes heimliche Anzapfen von Alkoholvorräten eines Schiffes „den Admiral anzapfen" (taping the admiral). Und – was den ausgeprägten Hang des Seemanns zum Makabren unter Beweis stellt – fortan wurde jeder heimlich getrunkene Rum sinnigerweise „Nelsons Blut" genannt. Diese Bezeichnung war in der englischen Navy noch bis zum Jahre 1970 bekannt, als die Ausgabe von Rum auf englischen Schiffen verboten wurde und die Schiffe für „trocken" erklärt wurden.

Die Männer, die im 17. Jahrhundert die Trinkgewohnheiten drastisch bereicherten, waren ebenfalls Seeleute, meist sogar ganz hervorragende, nur gingen sie dem Geschäft der Piraterie nach. Sie trieben vornehmlich in der Karibik ihr Unwesen und ließen die spanische Flotte zur Ader. Ihre Ära war nur kurz, wie ihr Leben meist auch. Dem Bild vom rumseligen Seemann gaben sie eine neue, farbig-exotische Dimension. Ihre Geschichte kennt Bacchanalien von fast unvorstellbaren Ausschweifungen. Niemals zuvor und niemals wieder haben so wenige Seeleute so viel besessen und für so wenig ausgegeben. Einige der Piratenkapitäne waren auch nach heutigen Wertmaßstäben Millionäre. Hatten sie reiche Beute gemacht, so gab es für sie kaum etwas Angenehmeres und Lustigeres, als in einen der berüchtigten Schlupfhäfen zu segeln – wie Port Royal, Tortuga oder Santo Domingo – und mit Mann und Gold in die Stadt auszuschwärmen. Die Schatzkisten wurden an Land gehievt und die „Raubbuben der See" begannen systematisch Bars und Spelunken bis auf den letzten Tropfen leerzukaufen. Und was bestellten sie? Oxhofts von trübem Zuckerrohrschnaps und manchmal sogar ganze Fässer ranziger, vergorener Kokosmilch (Oxhoft – auch Schweinekopf genannt – ist ein altes Flüssigkeitsmaß und entspricht ungefähr 250 Litern). Die Drinks wurden pur genommen, 4 Finger war das Maß, auf einmal angesetzt und schnell gekippt, „damit man den Geschmack nicht so spürt".

Piraten mit besserer Kinderstube nahmen sich die Zeit, sich einen Bimbo mixen zu lassen, jenes Getränk aus Rum, Zucker, Wasser und Muskat, oder sie bestellten Tarantula-Saft, ein unvorstellbar übelriechendes und fast ungenießbares Gebräu aus Zuckerrohrschnaps, kleingehackten Früchten und gekauten, grünen Tabakblättern.

Der Rum wurde sein Schicksal.

„In jenem raschen Morgengrauen, da Barnets Slup . . . plötzlich schwarz vor dem aufglühenden Osthimmel stand und mit der jähen Tageshelle hereinschwalkte, war von Rackams Leuten nicht einer noch oder schon wieder nüchtern genug, um einen Plempengriff von einem Krughenkel zu unterscheiden." So schildert Hans Leip in seiner Chronik der Freibeuterei das Ende des gefürchteten und berüchtigten karibischen Piraten John Rackam, genannt Calico Jack. Die Piraten waren nach der Plünderung der Rumlast einer spanischen Brigantine so betrunken, daß sie sich fast widerstandslos überwältigen ließen. Am 17. November 1720 wurden sie zum Galgen verurteilt und gehenkt.

Bei Bier und Wein und drallen Mädchen, dazu ein Tonpfeifchen – welch eine Lust, Seemann zu sein. Zwei offenbar literaturbeflissene Schiffsjungen runden die Idylle ab

Natürlich war ein jeder eingeladen, die Mannschaft, Bürger der Stadt, andere Seeleute und Piraten, Eingeborene, Vagabunden und sogar Sklaven – kurz, alles was sich auftreiben ließ, wurde freigehalten und bewirtet.

Und sollte einmal eine Einladung dankend abgelehnt werden, konnten die Gönner recht ungemütlich werden.

Männer wie Morgan, Blackbeard oder Pierre-le-Grand hatten die üble Angewohnheit, ganze Rumfässer auf die Straßen zu rollen, sich mit Pistolen bewaffnet im Schneidersitz daraufzusetzen und jeden, der zufällig des Weges kam, mit dem geladenen Schießprügel zum Trinken einzuladen.

In Anfällen berserkerhafter Raserei wurden auch Weinfässer und Rumtonnen einfach durchschossen, durchbohrt und kleingeschlagen und die Bodegas „unter Alkohol gesetzt". Dann schwammen die Männer wortwörtlich im Rum, wälzten und badeten sich im bräunlichen Naß, und sintflutartige Bäche wertvollen Rums ergossen sich auf die Straßen und versickerten im Staub.

Ein Zeitgenosse, dem es aus irgendeinem nicht erkennbaren Grund gelungen war, nüchtern zu bleiben, berichtet: „Diese Saufereien zogen sich gewöhnlich über Wochen hin, und es war keine Besonderheit, wenn ein einzelner Mann an einem Abend bis zu 3 000 Pieces of Eight durchbrachte."

Auch bei großzügiger Handhabung hätte heutzutage ein Seemann doch gewisse Schwierigkeiten, diese Summe, die in etwa 8 000 Mark entspricht, an einem Abend auf den Kopf zu hauen.

Das Ende sah dann meist so aus, daß sich der Herr Pirat an Bord rudern ließ; dreckig, verschwitzt, besudelt, die vom Rum triefenden Kleider in der Hand und ohne einen Pfennig in der Tasche.

Eins wäre dem noch nachzutragen: Während der Pirat, die Taschen voller Geld und Gold, mit Rum und Ruhm um sich warf und das verehrte Publikum mit seinen derben Späßen unterhielt, saß selbstverständlich, anmutig und mit leuchtenden Augen, eine rot- oder schwarzhaarige Kreolin auf seinem Knie und krauelte ihm seinen zotteligen Bart. So jedenfalls ist es in vergilbten, abgegriffenen Büchern zu lesen. Doch scheint es eher, daß sich hier Überlieferung und Legende vermengen. Die „Jolly Rogers", die Kisten voller Geld und Gold, die 3 000 Pieces of Eight, die verqualmten Tavernen mit ihren wahren Rum-Schwemmen – das alles hat es sehr wohl gegeben. Nur mit den Inselschönheiten war das so eine Sache. Es ist anzunehmen, daß diese von piratenhörigen Schreiberlingen einfach hinzugedichtet wurden, um – sei es auf Befehl oder aus freien Stücken – ihren Herren wohlzutun.

Es ist nun einmal eine Tatsache, daß gerade zur Blütezeit der Piraterie Frauen, gleich welcher Rasse und Hautfarbe, noch größere Mangelware waren als ehrliche und ehrenhafte Männer, und das will schon etwas heißen. Europäerinnen

> *John Steinbeck, Logbuch des Lebens*
>
> Alkohol war schon von jeher ein Linderer der Schmerzen, ein Erwärmer der Herzen, ein Stärker der Muskeln und des Geistes. Er gab Freiwilligen Mut und ließ Häßliche anziehend erscheinen. Man erzählt sich die Geschichte von einem alten ausgedienten Seemann, der zerlumpt und dreckig am Kai saß. Und da er so recht betrunken war, sprach er staunend und leise zu sich selbst: Ich bin reich und glücklich – und vielleicht sogar ein wenig schön!

verschlug es kaum auf diese verrufenen Inseln „über dem Wind". Die Eingeborenen waren schon weitgehend ausgerottet und der Sklavenhandel noch nicht so recht in Schwung.

Besonders von Weltverbesserern wird gerne ins Feld geführt, daß gerade das Fehlen von Frauen – gute, ordentliche und ehrbare Frauen natürlich – die Piraten erst zu ihrem anrüchigen und blutigen Tun gebracht habe, und daß das Fehlen von liebend anheimelnder Weiblichkeit auch heute noch Männer auf die See und der Flasche in die Arme treibe.

Wir wollen die Sache auf sich beruhen lassen. Doch kaum leugnen läßt sich, daß es da so eine Art Dreiecksverhältnis Seemann, Schnaps und Weiblichkeit gibt.

In alten Zeiten der ortsnahen Küstenschiffahrt, als man noch in wenigen Tagen an das Ende der damals bekannten Welt segeln konnte, mag sich der einsame Seemann des

Nachts an Deck niedergelassen, zu dem funkelnden Firmament aufgeblickt und die Erinnerung an seine an Land zurückgebliebene Geliebte oder Ehefrau in einem Glas Wein ertränkt haben. Doch als Schiffsreisen nach Monaten oder gar Jahren gezählt wurden, änderte sich das Verhältnis zwischen Männern, Frauen und der Flasche schnell. Der Seemann hörte auf Ehemann zu sein, er wurde Gast, Gast in seiner eigenen Familie. Ein Besucher, der nur gelegentlich für ein paar Tage oder Wochen im Jahr nach Hause kam; das heißt, wenn er überhaupt jemals wiederkam, was nur die wenigsten taten.

Und nach einigen längeren Reisen war der Seemann dann zu einem Fremden in seinem eigenen Heimathafen geworden. Und noch schlimmer, ein jeder, den er an Land traf, betrachtete ihn als ein Objekt, dessen heuerpralle Taschen kräftig gemolken werden konnten. Er ging ja ohnehin bald wieder in See – zu irgendeinem kaum auszusprechenden Teil der Erde. Dort würde er sich schon schadlos halten.

Die Frauen waren es, die überraschend schnell ihre Vorteile aus dieser Misere des Seemanns zu ziehen verstanden. Sie wußten genau, wie des Seemanns Einsamkeit und Melancholie – diese beiden auf See geborenen Krankheiten – leicht, schnell, problemlos und für sie profitabel zu heilen waren: Mit einem feurig-belebenden Tropfen und zarten schmeichelnden Worten. Im Laufe der Zeit verfeinerten die „Königinnen der Wasserfront" diese ihre Therapie zu einer wahren Kunst.

In den von sterilem Neonlicht überfluteten Vergnügungszentren unserer Hafenstädte ist sie zwar längst ausgestorben – doch noch in voller Blüte steht sie beispielsweise in so vergessenen Häfen wie denen von Makassar, Recife, Santos, Port of Spain oder auch Mendelo. Hier ist die Tradition noch ungebrochen, und Seemannsbars mit Wellblechdächern und rot angepinselten Fenstern geben Hein Mück ein Stückchen Illusion von Nach-Hause-Kommen. Von der anderen Seite der Schwingtür begrüßt ihn ein erwartungsvolles Lächeln, ein Wink, ein Augenzwinkern, ein Versprechen und natürlich eine zarte Hand, die ihn mit traumwandlerischer Sicherheit zu einer Flasche an die Bar führt. Das Spiel ist klar, eindeutig und eigennützig. Doch gespielt wird es mit so viel Charme und Anmut, daß auch der Seemann mit der härtesten Salzkruste um Herz und Geldbeutel kaum widerstehen

Herman Melville, Moby Dick

Habt Ihr diesen zweilichtigen Hausflur durchschritten, so kommt Ihr in die Gaststube. An der einen Seite steht ein langer niedriger Tisch mit zersprungenen Glaskästen darauf, die angefüllt sind mit staubigen, aus den fernsten Winkeln der weiten Welt zusammengetragenen Raritäten. Der anderen Ecke vorgelagert erhebt sich die Bar: ein mehr oder weniger mißlungener Versuch, einen Walkopf nachzubauen. Gelungen oder nicht, da steht, gewaltig geschwungen, der Knochenbogen eines Walkiefers, so weitgespannt, daß eine Kutsche darunter durchfahren könnte. Und in jenem Schlunde jäh zupackenden Verderbens hantiert ein verhutzeltes altes Männchen und verkauft den Matrosen für ihr gutes Geld zu hohen Preisen Traum und Tod.

Abscheuliche Betrüger sind die Gläser, in denen er sein Gift ausschenkt. Obgleich von außen redliche Zylinder, verjüngen sie sich innen hinterlistig nach unten.

Original u. Eigenthum No. 4. Neu Ruppin bei Gustav Kühn.

Der Matrose und sein Liebchen.

Die's Gläßchen dem Mädel zum Abschied geweiht — hernach noch ein Küßchen das Herze erfreut!!!

Jack London, König Alkohol

Der Branntwein stieg uns allen zu Kopf, und der Harpunierer und Scotty redeten von der Fahrt an der Ostküste, den Stürmen bei Kap Hoorn und den Pamperos von La Plata, von Marssegelbrisen und Passatwinden, Taifunen im Stillen Ozean und zertrümmerten Walfängerbooten im nördlichen Eismeer.

Um diese Zeit hatten wir das Stadium des Singens erreicht, und gemeinsam mit dem Harpunierer und Scotty sang ich Seemannslieder. Oh, es war prachtvoll! Ich fing an, den Sinn des Lebens zu verstehen. Die ganze Welt war mein, alle ihre Wege lagen vor meinen Füßen. Wir waren keine gewöhnlichen Sterblichen. Wir waren drei berauschte junge Götter, unglaublich weise, herrlich genial, und unsere Macht hatte keine Grenzen!

Ich dachte an alle Schönheit, alles Wunderbare und Sinnbetörende. Es gab nur eine Möglichkeit, der tötenden Plackerei zu entrinnen: Ich mußte zur See gehen. Ich mußte mein Brot auf dem Wasser verdienen. Und dieser Weg führte unweigerlich zu König Alkohol. Nein, von dem herrlichen Leben auf dem Meer konnte mich auch die Tatsache nicht abschrecken, daß die Seeratten ein sonderbares, kostspieliges Verlangen nach Bier, Wein und Whisky hegten.

kann. Es ist das Spiel, das schon vor Jahrhunderten überall dort gespielt wurde, wo immer Seeleute nach langer, harter Reise mit vollen Taschen und leeren Herzen in Häfen einliefen.

Bereits aus der elisabethanischen Zeit, als Drake und Hawkins die Meere systematisch abgrasten und ihre Laderäume mit Raubgut füllten, wird berichtet, daß der Seemann schon von lustig-durstigen Ladies umgeben war, noch ehe er den Fuß an Land gesetzt hatte. Sie kamen ihm schon auf die Reede entgegen. Ihm war es nur allzu recht. Die Ladies mußten ihm Mutter, Frau und Geliebte ersetzen. In ihren Armen fand er – wenn auch nur für kurze Zeit – das bißchen Geborgenheit, das er brauchte, um auf seinen langen Fahrten wenigstens hin und wieder das Gefühl zu haben, überhaupt irgendwo zu Hause zu sein. Er wußte genau, wie es lief, doch auch das gehörte zu seiner Illusion. An der Bar würde er eine Runde mit den Männern trinken und für die Lolitas und Carmens einen „Ladydrink" aus $2/3$ Bier und $1/3$ Rum bestellen. Dann eine weitere Runde, noch eine, und die nächste und übernächste, bis die Bar sich zu bewegen und der Fußboden sich zu wiegen begann. Er wußte, daß er in recht kurzer Zeit in irgendeiner fettigen Ecke landen würde, betrunken oder auch mit einem Pülverchen ins Land der Träume geschickt. Er wußte nur zu genau, daß man ihm auch den letzten Sou oder Penny aus der Tasche luchsen und daß seine hartverdiente Heuer sehr bald unter seinen „Freunden", „Gönnern" und „Gästen" aufgeteilt sein würde. Und irgendwann würde er in einem Boot aufwachen – mit einem

Brummschädel natürlich –, das ihn auf sein Schiff zurückbringen würde. Aber – er hatte einmal wieder das Leben genossen. In vollen Zügen. Und wer wollte sagen, ob es nicht das letzte Mal gewesen war?

Als Europa in den langen Kriegswirren des 18. Jahrhunderts blutete, änderte sich das Spiel drastisch. Das „nautische Dreieck" Seemann – Alkohol – Frauen gewann plötzlich eine andere Dimension. Auf einmal waren Seeleute Mangelware geworden. Die Meere hatten sich in Schlachtfelder verwandelt und neue Schiffe wurden zu Hunderten gebaut. Nur Mannschaften waren so schnell nicht aus dem Boden zu stampfen. So wurden Seeleute regelrecht gejagt, ja, sogar gestohlen.

Greifkommandos, mit königlicher Vollmacht ausgestattet, durchkämmten Häfen und Tavernen mit dem Recht und Auftrag, jeden dort angetroffenen Seemann zu „pressen". Mochte dessen Kapitän sehen, wo er Ersatz her kriegte. Die Männer der Pressgangs wurden wie Kopfjäger nach Stückzahl entlohnt, und niemand scherte sich darum, ob dieser „Kopf", der da angeschleppt wurde, sich auch auf Spleißen und Segelsetzen verstand. Als potentieller Seemann galt jeder, der über zwei Arme und Beine verfügte und äußerlich gesund und fähig schien, die „ars nautica" zu erlernen. Wobei die Peitsche als wirkungsvoller Lehrmeister galt.

Um diesen Menschenhandel rechtskräftig zu machen, verfiel man in England auf eine einfache und geniale Lösung: Sobald der arme Teufel an Bord geschleppt worden war, wurde ihm ein Schilling in die Hand gedrückt. Nun hatte er Heuer angenommen und war durch diesen Akt einen Vertrag eingegangen und offiziell – und natürlich freiwillig! – in den Dienst der Krone getreten.

Frauen waren von der pekuniären Seite dieses Geschäfts – was die Kopfgelder anging – ganz besonders angetan und standen in ihren Aktivitäten der brutalsten Pressgang kaum nach. Jedes männliche Wesen, das sich in die entsprechenden Hafenviertel wagte, wurde von ihnen als Wink des Schicksals betrachtet. Mit einigen Drinks willenlos und fügsam gemacht, sah sich das Opfer später vielleicht einem Kaperkapitän für eine Südseefahrt ausgeliefert. Und sollte der so Verschaukelte je in denselben Hafen zurückkehren, stand womöglich dieselbe Eva am Kai und erwartete ihn, ihre Unschuld beteuernd, mit offenen Armen, um gemeinsam mit ihm Gespartes und Heuer durchzubringen und ihn

> *R.H. Dana, Zwei Jahre vor dem Mast*
>
> ... des Nachts und am frühen Morgen bekamen wir jeweils einen Blechnapf heißen Tee, der mit einem Schuß Rum und Rübenkraut gesüßt war. Die Männer nannten diesen Trunk sinnigerweise „Hexenwasser". Es war unsere einzige Freude.
>
> So fürchterlich das auch schmeckte, wenigstens warm und belebend war es, und zusammen mit Zwieback und kaltem Salzfleisch machte es immerhin eine Mahlzeit.

anschließend wieder zu „verkaufen". Sollte er allerdings auf einem Kriegsschiff gelandet sein, waren seine Chancen ohnehin gering, überhaupt an Land gelassen zu werden. Weise Kapitäne hielten ihre Männer so lange wie möglich – ohne Landgang – an Bord fest. Und das hieß oft Jahre.

Und weil die Besatzungen in den Häfen nicht an Land durften, kam das Land zu ihnen an Bord. Um Schiff-Land-Kontakte zu unterbinden, wurden zwar die Geschützpforten verschalkt, Wachen vor die Mannschaftsräume gestellt und die Niedergänge verschlossen, doch das alles waren nur Vorschriften, Formalitäten, denen zwar Genüge getan werden mußte, die aber meist in der Praxis nicht so streng gehandhabt wurden. Denn kaum war der Anker gefallen, war das Schiff auch schon umzingelt von einer Flotte kleiner Boote,

Die Phantasie der Seelords kannte keine Grenzen, wenn's darum ging, Dinge an und von Bord zu schmuggeln. Sehr beliebt waren schlanke Mädchen, nicht etwa weil sie dem Schönheitsideal von Hein Mück entsprachen, sondern weil man sie besonders reichhaltig auspolstern konnte. Natürlich wußten die Wachen an der Gangway genau, was gespielt wurde, doch in diesem Falle löste der Alkohol nicht ihre Zunge, sondern er band sie wirkungsvoll

angefüllt mit allen Hafenparasiten dieser Erde: Zuhältern, Hausierern, Geldverleihern und ... mit Damen zuhauf.

Mit halbem Herzen versuchten wohl die Wachen anfänglich noch, die Invasionsflotte auf Abstand zu halten, und sollte ein Offizier gerade vorbeikommen, wurde auch hin und wieder ein Warnschuß in die Luft gefeuert. Damit war denn auch dieser Vorschrift nachgekommen.

Auch wenn die Gangway natürlich nicht heruntergelassen wurde, die Damen wußten sich auf andere Weise Zugang zu Schiff und Seemannsherzen zu verschaffen. Entweder ließen sie sich in Netzen oder auf Eimern an Bord hieven oder sie kletterten einfach die Ankerkette hoch, von begeisterten Seelords zu sportiven Höchstleistungen angespornt. Und mit ihnen kam der Alkohol an Bord. In Schafsblasen im Unterkleid verborgen, in Parfumflaschen, in der Frisur versteckt oder in irgendwelchen anderen Teilen künstlicher Frauenanatomie transportiert.

So floß denn in kürzester Zeit unter Deck nicht viel weniger Alkohol, als sonst in den Tavernen an Land. Wenn es erst soweit war, gaben sich meist auch die Kapitäne geschlagen und fügten sich dem Unabwendbaren, das Schiff zu „öffnen".

Es dürften wohl die wildesten Bacchanalien stattgefunden haben, die sich jemals an Bord von Schiffen abspielten. Hunderte von Männern, eingepfercht in feuchten und niedrigen Kanonen- und Zwischendecks, offenbart sich mit einem Male, was sie seit Monaten entbehrt, wonach sie seit Tausenden von Meilen gieren: Schnaps so viel ein jeder mag und Frauen – Frauen! Bisweilen geschah es, daß beim Klarschiffmachen unter den Schnapsleichen und Mädchen, die das

39

Erheiternd war eine Äquatortaufe jeweils nur für die Zuschauer, die Täuflinge hatten nichts zu lachen. Und teuer kam ihnen so eine Äquatortaufe zu alledem noch zu stehen

letzte Boot an Land verpaßt hatten, auch ein Toter gefunden wurde. Man machte nicht viel Aufhebens davon.

Das alles änderte sich nach den Napoleonischen Kriegen. Pressen wurde gesetzlich verboten, Landgang konnte nicht mehr ohne weiteres verweigert werden, und allmählich konnte man hier und da in Bars und Focksels Gespräche und Diskussionen hören, die sich auch mit den Rechten eines Seemannes befaßten. Vielleicht könnte man die Lebensbedingungen an Bord der Windjammer und großen Frachtensegler als human bezeichnen im Vergleich zu den Zuständen, die nun endgültig der Vergangenheit anzugehören schienen. So glaubte man wenigstens.

Wenn die Schiffe auch allmählich „trockener" wurden, ein wichtiger Moment im Leben eines Seefahrers, ein lichter Tag im Dunkel einer langen Seereise, darf hier nicht übergangen werden. Ein Tag, an dem jede Art von Alkohol in Strömen floß: der Tag der Äquatortaufe.

Schon im 16. und 17. Jahrhundert kann man hier und da vereinzelt Berichte über Äquatortaufen und rituelle Neptunweihen finden. Im 18. und 19. Jahrhundert setzt sich dieser Brauch dann immer mehr durch.

Auf beiden Seiten des Äquators gibt es eine windarme Zone – die berüchtigten Kalmen oder Roßbreiten –, die es für die Segler auf ihrem Weg in die Mares Australes notwendigerweise zu überwinden galt. Nicht selten kam es vor, daß ein Schiff dort Tage, Wochen oder auch Monate festgehalten wurde. Und wer oder was hielt es dort fest? Wer hatte seine starke, mit Seepocken besetzte Hand wohl um den Kiel geklammert? Die Erklärung für den klabautermannfürchtigen Seemann war einfach und einleuchtend: Neptun hatte seinen gefürchteten Dreizack tief ins Totholz getrieben und Schiff und Mann zur Bewegungslosigkeit verurteilt. Das Schiff war in sein Reich vorgestoßen, und an Bord befanden sich noch „Unwürdige", die sich erdreistet hatten, in seine heiligen Wasser einzudringen. Neptun mußte erst die ihm gebührende Ehre erwiesen, Zoll für die Wege seines endlosen Reiches entrichtet werden, ehe die Seereise fortgesetzt werden konnte.

Das hatte schon alles seine Richtigkeit, denn jedem Seemann war das Los eines holländischen Schiffes bekannt, das im Jahre 1672 ganze fünf Monate an der Grenze zu Neptuns Reich aufgehalten worden war, und auf dem fast die ganze Mannschaft dahinschied.

Nordhoff und Hall, Schiff ohne Hafen;
Zinnen Verlag 1936

Der arme Bursche war blau vor Kälte; er konnte weder stehen noch sprechen. Wir trugen ihn in seine Hängematte, hüllten ihn in warme Tücher. Der Arzt fühlte dem Jungen den Puls, hob seinen Kopf und begann ihm mit einem Löffel puren Rum einzuflößen. Tinkler hustete, öffnete die Augen, und eine leichte Röte trat auf seine Wangen. „Es gibt nichts Besseres als Rum", rief der Arzt, „noch einen Schluck ... so ... und jetzt noch einen. So wahr ich lebe, es geht nichts über Rum. Bald wird er wieder gesund sein! Und damit ich nicht vergesse – auch einen Tropfen für mich, dieser Rum macht Tote lebendig, was?"

Tinkler hustete aufs neue, als ihm die scharfe Flüssigkeit durch die Kehle rann; zwei Stunden später war er wieder auf Deck, ohne durch die Nacht auf luftiger Höhe Schaden an seiner Gesundheit genommen zu haben.

In etwa liefen die Äquatortaufen ähnlich ab: Am Abend vor dem Passieren des Äquators kommt der Ausguck aufgeregt zum Käpt'n und meldet, er habe ein Licht gesehen. Kurze Zeit später ertönt eine laute Stimme aus dem Dunkel: „Schiff Ahoi! Hier spricht Neptun. Ich gebe den Befehl beizudrehen. Morgen werde ich an Bord kommen."

Daraufhin verschwindet der Käpt'n in seinen Räumen, füllt einen Umschlag mit Papier, schreitet auf die Poop und wirft den Umschlag für jeden sichtbar über Bord. „Hier sind die Schiffspapiere, Crew- und Passagierlisten, Majestät!"

Damit die Vorbereitungen nicht gestört werden, müssen die Täuflinge am nächsten Morgen unter Deck bleiben und dürfen erst für ihren großen Auftritt nach oben kommen.

Bewaffnet mit Säge und Hammer tritt der Schiffszimmermann vor den Käpt'n und droht, von seinem alten Recht Gebrauch zu machen und die Galionsfigur abzusägen, wenn der Käpt'n nicht augenblicklich eine Runde Schnaps für die Männer austeilen lasse. Dann kommt Neptun an Bord, nein, er kommt nicht, er schwebt, langsam, sich seiner Würde bewußt, an einem Fall an Deck und nimmt auf dem vorbereiteten Thron Platz. Er wird vom Käpt'n willkommen geheißen – und schon ist die zweite Runde fällig.

Die Täuflinge werden vorgeführt. Die Befragung dauert nicht sehr lange. Neptun will wissen, ob sie sich ihres Vergehens bewußt sind und wie sie denn ihre Schuld zu tilgen gedächten. Legt sich der Sünder freiwillig eine hohe Buße in Form von Schnaps, Bier oder Wein auf, ist es Neptun zufrieden, und der Täufling kommt verhältnismäßig ungeschoren davon. Doch wehe ihm, wenn der Geiz ihn reitet – oder er sich nicht beizeiten genügend zur Ablösung seiner Schuld zusammengespart hat. Dann geht es rauh her. Die Taufe in einem Bottich mit Seewasser, mit dem Kopf nach unten, ist nur eine der verschiedenen Prozeduren, die für den armen Täufling alles andere als spaßig sind.

Und während Neptuns Hofschreiber noch damit beschäftigt ist, die Taufurkunde auszustellen, ist der Koch längst dabei, aus den eingetriebenen Alkoholika einen echten Äquatorgrog zu mixen. Drei Flaschen Porto, eine Flasche Rum und mehrere Flaschen Bier ergeben einen vielgeliebten Trunk, bei dem die Männer sich wieder die Hände reichen.

Damit ist der offizielle Teil glücklich überstanden und Neptun springt selbst in den Taufbottich und eröffnet mit einem Äquatorgrog den geselligen Teil der Taufparty.

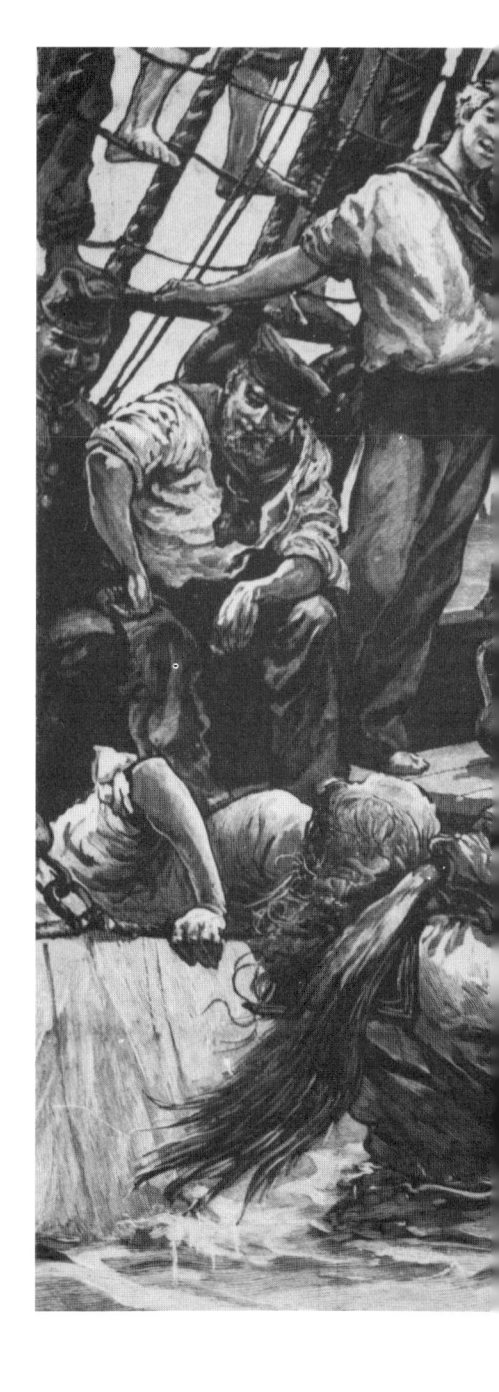

43

Wer nun glaubt, nur der einfache Seemann hatte sich einer Äquatortaufe zu unterziehen, befindet sich im Irrtum. Nicht selten waren auch hohe Beamte und Offiziere unter den Opfern. Aus einem Reisebericht des Jesuitenpaters Joseph Kropff aus dem Jahre 1730 geht hervor, daß Neptun anscheinend auch Gewalt hatte über geistige Würdenträger:

„Vor der Regierung Philipps V. übte dergleichen Krebs-Kreis-Monarch ein weit grösseren Gewalt aus, und musten so gar die Generals-Personen wie auch Bischöff und Ertz-Bischöffe vor dem Thron sothanen After-Königs erscheinen, ja alldort ein ziemlich lautes Capitel anhören; sie hätten unnöthigen Überfluss von Wein, Aquavit und Confecturen mit sich zu Schiff genommen; könnten inskünftig wol mit einem wenigeren verliebnehmen, und einen guten Theil von dergleichen Sachen unter die arme Seeleuthe, die es mit ihrer harten Arbeit besser verdienten, kommen lassen. Sollten dann zur Straff etc. ein Faß-Wein zum besten geben; ein Dutzet Flaschen von Aquavit ausfolgen lassen, und sich nicht weigern, eine dergleichen Anzahl mit Zucker-Werck versehene Schachteln auszuspenden."

Es muß hier noch gesagt werden, daß Äquatortaufen nur sehr selten so ausarteten, daß um Ordnung und Disziplin gefürchtet werden mußte. Sicher, das hat es auch gegeben und so mancher Gedanke an Meuterei wurde auf einem solchen Fest gesponnen, und die Geschichte eines Kapitäns, der als Höhepunkt einer Äquatortaufe ganz einfach über Bord geworfen wurde, ist wohlbekannt.

Zurück zum Alltag. Die Überfahrten waren immer noch lang, die Arbeit hart und endlos. Doch seit ungefähr Mitte des 19. Jahrhunderts wartete in fast jedem Hafen eine neue Art von Kneipe auf den müden Seemann, eine freundliche und angenehme Taverne, klein, einfach und anspruchslos, aber heimisch und heiter, und – das war besonders wichtig – gute Drinks wurden zu angemessenen Preisen ausgeschenkt. Man sprach in allen Zungen und konnte an der Bar sogar Briefe und Nachrichten für Freunde von anderen Schiffen hinterlegen. Auch momentan nicht benötigte Ausrüstung konnte man deponieren, ohne befürchten zu müssen, daß etwas gestohlen oder abhanden kommen könnte. Kam Hein nach einem Jahr wieder, oder nach zwei, konnte er sicher sein, alles genau so vorzufinden, wie er es hinterlassen hatte.

Jeder Hafen hatte seine Bar, seinen Treffpunkt, und jeder Fahrensmann kannte die Namen und Anschriften.

In Melbourne war es The Palace (Der Palast), in Sidney Hell's Kitchen (Teufelsküche), in Kobe The Hole In The Wall (Das Loch in der Wand), in Salvador steuerten die Seeleute immer direkt zum Happy Garden (Glücklicher Garten), in Antwerpen war es The Channel For Orders (Die Befehlskette) und in Acapulco The Barbery Coast (Piratenküste). Jeder Seemann – ob aus Griechenland, vom St. Lorenz oder von der Nordsee – konnte die Tür zum Shakespeare in Valparaiso aufstoßen und sich sofort wohlfühlen, so wie auf der Terrasse des Flag Of All Nations (Die Fahne aller Nationen) in Marseilles. Das Seemannsdasein erhielt eine bürgerliche Komponente.

Doch das Pendel der Geschichte schlug noch einmal zurück. Seeleute waren wieder einmal sehr gefragt in der zweiten Hälfte des letzten Jahrhunderts. Diesmal nicht, um irgendwelche Kriegsschiffe zu bemannen, sondern, um auf immer neueren und größeren Handelsschiffen die Segel zu heißen. Ganze Flotten wurden zusammengestellt, die ihren Eignern schnellen Reichtum im Kolonialhandel, in der Robbenjagd und im Walfang bringen sollten. Und schon schlich sich – es war wohl 1868 – ein neues Wort in Hein Mücks Sprachschatz ein; ein Wort, das schnell zu seinem Alptraum wurde. Geboren worden war es in New York, in einer unbekannten Seemannsbar an der East Side Wasserfront.

Am Kai lag ein Schiff, zum Auslaufen bereit. Die Mannschaft war jedoch nicht vollzählig – es fehlten noch zwei Männer. In seiner Not schlug der Bootsmann des Klippers dem Barbesitzer ein Geschäft vor, und zwei Seeleuten, die in einer dunklen Ecke gemütlich bei einem Drink saßen, wurde ein „gedokterter" Rum aufgetischt. Als die beiden zu sich kamen, befanden sie sich an Bord des Seglers, ihre Namen standen schon auf der Crewliste, und das Schiff war längst auf hoher See – Zielhafen: Shanghai!

Dieses „Geschäft" – einfach shanghaien genannt – kam schnell zur Blüte. Es war einfach zu leicht, zu verlockend und gewinnträchtig.

Der shanghaite Seemann befand sich schnell in internationalen Gewässern, weit außerhalb der Reichweite von Recht und Gesetz. Bis zum nächsten Hafen blieb ihm keine andere Wahl, als sich mit Knochenarbeit die „Überfahrt" zu verdienen. Preis und Art der Arbeit bestimmte allein der Kapitän.

In der Folgezeit gingen Barbesitzer und Kapitäne in den Staaten, aber auch in anderen überseeischen Häfen einen

Was das Shanghaien nicht nur für die Kapitäne und Barbesitzer, sondern auch für Menschenhändler und die Damen an der Wasserfront so profitabel machte, war der alte Brauch, jedem Seemann ein bis zwei Monatsheuern im voraus auszuzahlen, sobald er die Musterrolle unterschrieben hatte. Mit diesem Geld sollte er seine Schulden an Land bezahlen, die offenen Rechnungen in Bars begleichen und sich neue Kleider und Ausrüstung kaufen.

Doch das sah jetzt anders aus. Sobald ein berufsmäßiger Shanghaier seine menschliche Ware ordnungsgemäß an Bord abgeliefert und den Namen seines Opfers in die Crewliste eingetragen hatte, übergab ihm der Kapitän die fällige Heuer des Seemannes als Kopfgeld und nicht selten bekam er noch ein Handgeld und Geschenke dazu.

Auch diesmal war wieder eine Flasche Rum, Gin, Arrak oder Whisky das Mittel, das den Seemann von Land an Bord brachte. Stark, den Verstand umnebelnd – vielleicht 120 Proof –, auf jeden Fall aber genau berechnet, auch den härtesten Seemann aus den Stiefeln zu holen. Und sollte es in einigen hartnäckigen Fällen damit noch nicht getan sein, taten einige ‚Knock-out Drops‘ (K.-o.-Tropfen) das ihrige, um den Mann problemlos in seine neue schwimmende Heimat zu verfrachten.

Es ist eine unbestreitbare Tatsache – überraschend oder auch nicht? –, daß gerade die erfolgreichsten und gefürchtetsten Shanghaier weiblichen Geschlechtes waren.

In Frisco waren es ‚Bugspriet Anny‘ und ‚Flying Jib‘, in Iquique trieb ‚Bremen Mary‘ ihr Unwesen, in Liverpool ‚Mother Smyrden‘, in Newcastle ‚Mother Hall‘ und in Callao trieb ‚Mother Rowley‘ ihren blühenden Handel.

Daß auch gerade noch die berüchtigtsten unter ihnen ‚Mutter‘ genannt wurden – oder sich nennen ließen – wird wohl immer ein schwer zu erklärendes Rätsel bleiben, es sei denn, man hält dem Seemann einen ausgeprägten Sinn für das Absurde zugute. Mütter, die ihre ,,Kinder" verkauften wie Vieh und nicht selten auch noch Spaß daran hatten, sie wie auf einer Versteigerung ‚an den Mann‘ oder ‚an das Schiff‘ zu bringen.

Was aber noch schlimmer war und uns heute einfach unglaublich erscheint, ist die Tatsache, daß sie nicht etwa mit ihrem Gewerbe hinter dem Berg hielten und im geheimnisvollen Dunkel arbeiteten. Nein, frei und offen bekannten sie sich zu ihrem ‚Beruf‘ und bildeten sich zumeist noch etwas

teuflischen Pakt ein, der beiden erhebliche Vorteile brachte. Shanghaien wurde zu einem bewährten Mittel, um die leergebliebenen Hängematten in der Focksel zu füllen. Europa blieb glücklicherweise weitgehend von solchen Machenschaften verschont, zumindest hier konnte ein Seemann noch – mehr oder weniger freiwillig – an- und abmustern. Kein Wunder, daß die shanghaiten Mannschaften jede Gelegenheit wahrnahmen, um ihre Schiffe wieder zu verlassen. Häfen wie San Francisco, Astoria, Acapulco und Iquique waren nicht selten mit Geisterschiffen angefüllt, die nur einen Kapitän und Offiziere an Bord hatten.

Jack London, Seewolf

Wolf Larsen entschloß sich, die Verteilung des Whiskys selbst vorzunehmen. Ich hatte in meinem Leben schon Männer Whisky trinken sehen, doch nie, wie diese Männer ihn tranken. Aus Konservendosen, aus Krügen und Flaschen in unendlichen Zügen. Und sie begnügten sich nicht mit einem oder zweien.

Es war ein seltsamer und schrecklicher Anblick, der kleine, von Kojen eingerahmte Raum, dessen Boden und Wände hüpften und schwankten, das trübe Licht, in dem die schwingenden Schatten sich ungeheuerlich verlängerten und verkürzten, die rauchgeschwängerte Luft, der Geruch der Körper und der Anblick der erregten Menschen.

Sie tranken und tranken, und immer mehr Flaschen wanderten nach vorne, und immer mehr tranken sie.

Es war eine zügellose Schwelgerei . . .

---

auf ihren ‚guten' Namen ein. „Trinkt mit mir, Jungs", brüstete sich Bugspriet Anny an der Bar, „und ihr werdet aufwachen auf dem Weg zur Hoorn." Und Mother Rowley gab freimütig und nicht ohne Stolz zu: „Natürlich bin ich ein Shanghaier, und zwar der beste im ganzen Geschäft. Jede Seglerseele an der Westküste kennt mich und – beim Teufel – fast die Hälfte aller Männer sind durch meine Hände gegangen und wurden durch meine Hintertür hinausgetragen."

Trotz Mother Rowley's hohem Anspruch, die beste zu sein, der wahre Titel „Königin der Shanghaier" gebührt zweifelsfrei einer noch größeren und fleischigeren Frau: Mother Grant. Noch vor nicht allzulanger Zeit, vor 70 oder 80 Jahren vielleicht, kannte jeder Hafenjunge ihren Namen, und sie wurde gefürchtet in jedem Logis zwischen Punta Arenas und Sitka.

Zusammen mit ihren Söhnen betrieb sie ein Freudenhaus in Astoria, dem damals wohl größten Hafen der Westküste, wo Getreide für Europa und Holz für Japan und Australien geladen wurde.

Mother Grant's Palast lag direkt am Kai und galt als das Vornehmste und Geschmackvollste im ganzen Geschäft. Es gab mehrere Bars und einen luxuriösen Speisesaal, der aber nur selten gefüllt war. Denn Essen war in jenen Tagen um vieles teurer als Trinken, und Mother Grant pflegte dem Bartender zuzurufen: „Gib den Jungs ausreichend zu trinken, Jack, je mehr sie trinken, um so weniger essen sie – und das ist ja zu unser aller Wohl."

Die Zimmer lagen im hinteren Teil ihres schmucken Etablissements, und daran schloß sich eine lange Veranda an, die bis ans Hafenbecken reichte. Am äußersten Ende der Veranda hing in Davits, mit immer frisch gefetteten Blöcken, das „Geschäftsdinghy".

War sich Mother Grant mit einem Kapitän handelseinig geworden, schleppte sie mit ihren Söhnen einen mit Rum und Pülverchen ins Reich der Träume geschickten Seemann aus dem Zimmer, schleifte ihn über die Veranda, ließ ihn in das allzeit bereite Dinghi fallen und ruderte die Fracht zu dem wartenden Schiff.

Es war eine einfache und unkomplizierte Methode: Rein durch die Fronttür – ein paar zweifelhafte Drinks – und raus aus der Hintertür. Mother Grant kannte keinen Skrupel: „Seeleute sind Körper, und Körper haben ihren Preis". Sie war eben nicht nur „Mutter", sondern auch durch und durch eine Frau des Hafenmilieus.

Kluge Kapitäne pflegten jeweils die bewegungslosen Ankömmlinge genau zu untersuchen, um festzustellen, ob sie auch noch am Leben seien. „Unehrenhaften" Shanghaiern war es nämlich verschiedentlich gelungen, sogar tote Seeleute zu verkaufen oder Puppen.

Man erzählt sich, daß Mother Grant sogar einmal einen ihrer eigenen Söhne verkauft habe, nur um ihrem Ruf nicht zu schaden, immer und zu jeder Zeit genügend „Ware" an der Hand zu haben. Doch vom schlechten Gewissen geplagt, soll sie später ihrem Sohn das Geld für die Heimreise geschickt haben.

Wie schon erwähnt, kam das Shanghai-Geschäft in Europa nicht so recht in Gang. Das heißt aber auf der anderen Seite beileibe nicht, daß nicht auch europäische und auch deutsche Seeleute Opfer, Offiziere und Kapitäne von Schiffen mit honorigen Namen mehr oder weniger unfreiwillig „Gehilfen" dieser skrupellosen Menschenhändler wurden. Es blieb meist der Schiffsführung einfach keine andere Wahl. Sie waren dem Schiff und der Reederei verantwortlich, und so mußten sie gelegentlich auf „das Verpflichten eines Seemannes durch Gewalt und gegen dessen Willen" zurückgreifen, um die leergebliebenen Hängematten im Logis zu füllen.

Der Traum vom Glück in Amerika, vom Gold in Australien oder von der Liebe auf Tahiti ließ Tausende und Abertausende von Seeleuten achteraus segeln, oft unter Zurücklassung aller Wertsachen und persönlicher Papiere.

Und daß dies nicht nur hin und wieder einmal geschah, sondern ein fast alltägliches Vorkommnis war, mögen einige Zahlen belegen. So desertierten im Hafen von New York im Jahre 1907 allein von Hamburger Schiffen eintausendsechshundertneunundzwanzig Seeleute.

Die „R. C. Rickmers" mußte einmal in Philadelphia 24 Männer an Land „bestellen", weil die Hälfte der Crew wegen angeblich schlechten Essens und Trinkens ohne Verabschiedung ausgestiegen war. Als die Neuverpflichteten in einem Boot an Bord gebracht wurden – wohlweislich lagen sie unter einer Plane verborgen –, waren sie so betrunken, daß sie wie Frachtgut in Säcken an Bord gehievt werden mußten. Bei solchen „Neuverpflichtungen von Händen" ergaben sich bisweilen auch kuriose Situationen. So wurde in Melbourne dem Kapitän der deutschen Bark „Professor Koch" ein richtiger Pastor aus Hamburg frei Schiff geliefert, für den der Kapitän – ein gottesfürchtiger Mann – Verwendung in der Kombüse fand.

Viel Heiterkeit und Schadenfreude erregte folgende Geschichte in den Bars und Kneipen der Wasserfront: Beim Landgang in New Orleans läuft ein Kapitän in die Falle der Menschenjäger und wird noch in derselben Nacht auf ein Schiff gerudert. Am nächsten Morgen müssen alle Beteiligten ein recht verdutztes Gesicht gemacht haben, denn man hatte den Kapitän auf seinem eigenen Schiff abgeliefert.

Doch es waren nicht nur die Shanghai-Haie, die Jan Maat in den Hafenschenken vollpumpten. Allzu gerne ließ er sich auch selbst vollaufen. Das Rundentrinken war ein beliebtes Ritual nach dem Motto:

„Erst geb' ich meine Runde aus,
eher geht hier keiner von euch 'raus!"

Wobei es wohl weniger darum ging, daß sich jemand dem Umtrunk entzog als vielmehr darum, danach selbst an der Reihe zu sein, einen springen zu lassen.

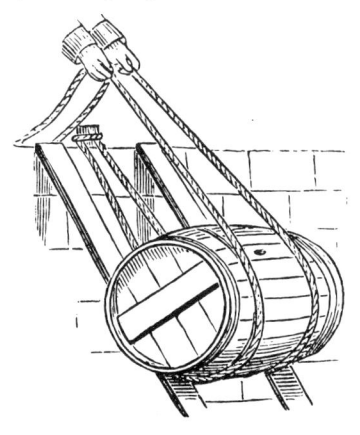

Je „trockener" die Schiffe wurden, wie die schnellen Klipper und großen Windjammer, um so feuchter ging's beim Landgang zu. In welchem Zustand der Vergeistigung Jan Maat, Johan Teer oder Jean Matelot schließlich an Bord kam, war eigentlich egal – Hauptsache, sie waren überhaupt noch rechtzeitig gekommen. Wenn dann „Alle Mann zum Ankerhieven" erscholl, waren nur die wenigsten in der Lage, dem Befehl zu folgen. Pfiffige Geschäftsleute kamen da auf eine Idee.

Da sie wußten, was sich in den Bars und Kneipen abspielte, stellten sie sogenannte Runner-Mannschaften zusammen, die sie im voraus an den Käpt'n vermieteten, und die, wenn Not am Mann war, zum Einsatz kamen. Diese Runner ruderten dann zum Schiff, hievten den Anker, setzten Segel und brachten das Schiff erst einmal sicher aus dem Hafen heraus, ehe sie wieder an Land ruderten.

Weltweit wurden diese hochbezahlten „Ersatz-Seeleute" Runner genannt, doch in deutschen Häfen und speziell in Hamburg bürgerte sich der Name Schiffsschneider für sie ein.

Es war und ist sicher immer noch eine Eigenart der Seeleute aller seefahrenden Nationen, daß sie mit Geld nur allzuschlecht umzugehen verstehen. Alles, was unter Lebensgefahr auf höchster Rah oder bei harter Arbeit in der Glut der Tropen oder in der Kälte nasser Atlantiknächte verdient worden war, konnte an einem Abend mit vollen Händen ausgeschüttet werden. Wer nun aber glaubt, es sei das erklärte Ziel gewesen, sich bedenkenlos vollaufen zu lassen, irrt. Vielmehr war es die langentbehrte Geselligkeit, die Gesellschaft anderer „fröhlicher" Menschen, einfach die menschliche Kommunikation. Sie entschädigten den Fahrensmann für die vielen Entbehrungen der See. Er, die geschundene Kreatur, die an Bord nur blindlings Befehle auszuführen hatte, hier in der Bar oder Schenke gab er die Befehle, war er der Kapitän. Geachtet und beliebt. Daß nebenbei der Schönen an der Theke, dem Kumpel rechts oder gleich dem ganzen Tisch links auf seine Kosten die Luft aus dem Glas vertrieben wurde, das verstand sich einfach von selbst. Er war glücklich, fühlte sich geschmeichelt und anerkannt, wenn eine oder auch mehrere Schöne an seinen Lippen hingen, wenn er aus seinem abenteuerlichen Leben erzählte. Wahres und nicht selten auch Erdichtetes.

Irgendwann im Verlaufe des Abends oder der Nacht trat dann Flaute ein in seinem Geldbeutel, doch das schmerzte ihn nicht. Er hatte nicht oder kaum das Gefühl, ausgenommen worden zu sein. Für ein paar Stunden oder Tage war er seiner Einsamkeit entronnen, der ganzen Misere seines wenig beneidenswerten Daseins. Er hatte bezahlt für Geselligkeit, Freundschaft, Anerkennung und menschliche Wärme, und dafür war kein Preis zu hoch. Und warum sollte er auch nur einen Penny mit aufs Meer nehmen? Wie hieß es doch?

Was nützt dem Seemann sein ganzes Geld,
wenn er damit ins Wasser fällt.

Doch die Zeit blieb nicht stehen, und auch die schnellsten Klipper und tapfersten Windjammer wurden von der Entwicklung in Lee überholt. Mit der in der Mitte des vorigen Jahrhunderts aufkommenden Maschinentechnik änderte sich zwangsläufig auch das Brauchtum und soziale Leben der Seeleute. Um die Jahrhundertwende war es dann schließlich auch dem letzten Seemann klar, daß die Zeit der Windjammer sich neigte und daß dampfgetriebene Schiffe die hohen Masten, Royals und Bramsegel für immer von den Weltmeeren vertreiben würden. Schiffen und Männern des alten Schlages war nur noch ein Gnadenbrot vergönnt in Form von Frachtaufträgen wie „Holz von der Westküste", „Getreide von Australien" oder „Salpeter aus Chile". Die wertvolleren und gewinnbringenden Güter verschwanden in den Bäuchen der Steamships.

Neben Maschinisten, Technikern und Ingenieuren, die ab sofort zur Mannschaft jener Dampfschiffe gehörten, wird ein neuer Mann an Bord dringend gebraucht. Ein Mann, dem ein jeder, mit ein wenig Mitleid zwar, aber unbesehen den größten Durst an Bord seit Erschaffung des ersten Floßes zubilligen wird: dem Heizer.

Ein Mann, der in glühheißen Kellern, tief unterhalb der Wasseroberfläche, Schaufel um Schaufel die Maschine füttern und auf Hochtouren halten mußte. Laut Bordordnung wurde der Durst des Heizers gestillt und seine Schaufel fit gehalten durch und mit verdünntem und gesalzenem Haferschleim.

Auf englischen Schiffen wurden die Heizer ähnlich verköstigt, und die tägliche Ration mußte wohl unter den Kohlen-

> *Graf Luckner, SEETEUFELS Weltfahrt*
>
> Nur eins war warm. Vor dem Mast und hinter dem Mast. Das waren die Grogkessel. Das Wasser brauchten wir nur, um den Rum anzuwärmen... und wenn wir einen Grog trinken wollten, mußten wir erst unsere Finger am Kessel aufwärmen, damit uns das Glas nicht aus den Händen fiel.
>
> Dem Erfinder des Grogs haben wir heiße Dankgebete geschickt, wenn uns dabei auch die Worte in den Bärten und Schals zu Eis gefroren, daß wir aussahen wie Walrösser.

trimmern Ihrer Majestät wahre Begeisterungsstürme hervorgebracht haben. Zwei Tassen Haferflocken wurden in einem Eimer Wasser verrührt, ein Spezialgetränk, das von den Kohlemännern kurz Niggernektar genannt wurde.

Doch ganz sicher hatte ein rechter Heizer unter dem Kohlenberg auch ein kleines Privatversteck für eine Flasche lauwarmen Rum, Arrak, Kümmel oder Whisky. Und er hielt sich im Hafen schadlos. Die Trinkfestigkeit der Heizer und Kohlentrimmer war legendär.

Rum ist niemals gleich Rum. Jedes Faß wird von feinen Zungen probiert, klassifiziert und für gut oder nicht so gut befunden – wie diese Szene aus einer Lagerhalle im Londoner Hafen zeigt

Und der Seemann heute? Er hat seine geregelte Arbeitszeit mit gut bezahlten Überstunden, seine eigene Kabine, seinen Kühlschrank, wohlgefüllt mit seinem Lieblingsbier aus der Heimat. Während er bei Stereomusik mit sauberen Fingern Eiswürfel in seinen Duty-Free-Whisky dippt, denkt er da vielleicht noch daran, daß vor noch gar nicht allzu langer Zeit nicht selten Kapitäne ihren Männern an Bord Alkohol verkauften, zu einem sündhaft teuren Preis und sich auf diese Weise eine hübsche Nebeneinnahme verschafften?

Aber auch das Hafenmilieu ist nicht mehr das, was es einmal war. Verschwunden sind die so zahlreich vor und um die Jahrhundertwende entstandenen urig-gemütlichen Seemannskneipen mit Buddelschip und Kugelfisch. Die wenigen, die die Zeitläufe überdauert haben, irgendwo versteckt hinter Lagerhäusern, Öltanks oder modernen Terminals, irgendwo verloren am Ende des Kais, sind nur traurige funktionslos gewordene Überbleibsel, ähnlich den in Marinemuseen eingemotteten Segelschiffen.

„Western Mail", Perth/W.-Australia, 1928

Als auch die letzten Wasserreserven aufgebraucht waren, brachen Offiziere und Mannschaften gemeinsam die Ladungskisten auf und stillten ihren Durst mit Hochland-Whisky.

Das ging eine Woche so, ehe man einem Dampfer der P & O-Linie begegnete. Die Offiziere wunderten sich sehr über die Signale des Whisky-Frachters. Diese besagten, daß gleichzeitig Pest, Gelbfieber und Masern an Bord ausgebrochen seien. Andere Flaggen zeigten an, man sei auf ein Riff gelaufen, brauche dringend ein Boot, um tote Seeleute an Land zu bringen, in der Kombüse sei das Feuerholz ausgegangen, der Kapitän sei mit dem Beiboot auf Hochzeitsreise und der Chef-Steward habe sich mit der Stewardess eingeschlossen.

Als die Offiziere der P & O-Linie an Bord kletterten, kegelten der Kapitän und die Offiziere gerade mit Sektflaschen, während die Mannschaften in bunten Kostümen „Verstecken" und „Blinde Kuh" spielten.

Der Verrückteste aber war der Bootsmann. Er war auf den Schornstein geklettert und erklärte den Offizieren der P & O-Linie, er sei ein richtiger Schinken und gerade dabei, sich selbst zu räuchern.

Anweisung zur Gesundheitspflege auf Kauffahrerschiffen

§ 30 (Auszug)

Die geistigen Getränke (Bier, Wein, Branntwein) sind Genußmittel, die zwar unter gewissen Umständen nützlich sein können, deren aber der gesunde Mensch zu seinem Wohlbefinden nicht notwendig bedarf. Ihr täglicher Genuß bringt im Gegensatz zum Gebrauch anderer Genußmittel wie Kaffee oder Tee die Gefahr mit sich, daß immer größere Mengen dieser Getränke genossen werden, um die erwünschte Anregung zu erzielen. Die Gewöhnung an den Genuß derartiger Mengen führt schließlich häufig zu dem als Trunksucht bekannten krankhaften Zustand, der schwere körperliche und geistige Schäden im Gefolge hat und die Erwerbsfähigkeit des davon Befallenen mehr oder weniger vernichtet, häufig auch zu vorzeitigem Tode führt.

Unter den geistigen Getränken ist das Bier verhältnismäßig am unschädlichsten. Seine Mitnahme ist namentlich für längere Seereisen empfehlenswert, da ihm eine vorbeugende und heilende Wirkung bei Skorbut und ähnlichen Krankheiten nachgerühmt wird. Ebenso wie das Bier kann auch der Wein als anregende, geschmackfördernde Zugabe bei einförmiger Nahrung in kleinen Mengen von Wert sein, soweit seiner Beschaffung nicht der höhere Preis entgegensteht.

Der Branntwein soll fuselfrei sein. Im Ausland sind die besseren ortsüblichen Branntweine (Cana, junger Rum, Anisado, Pisco und dergl.) im allgemeinen den gewöhnlichen von Europa eingeführten Schnapssorten vorzuziehen; letztere sind manchmal geradezu gesundheitsschädlich, weil sie oft mit anderen Stoffen verfälscht sind. Besonders gefährlich ist die Verfälschung mit Holzgeist (Methylalkohol), die schon zu zahlreichen Todesfällen geführt hat.

Die dem Manne auf einmal gewährte Menge Branntwein übersteige nicht $1/20$ Liter; der Branntwein darf aber nicht täglich verabreicht werden, besonders nicht in heißen Gegenden. Soll er zur Anregung gegeben werden, dann geschehe dieses immer nur kurz (etwa $1/2$ Stunde) vor Ende der Wache oder der Arbeit, weil dem Genusse bald Abspannung und Ermüdung folgen.

§ 31 (Auszug)

Es ist ratsam, daß Schiffe, welche östlich vom Kap der Guten Hoffnung und westlich vom Kap Hoorn fahren wollen, zum wenigsten für 12 Monate, alle Übrigen, soweit sie überhaupt zur Mitnahme verpflichtet sind, für etwa 8 Monate Zitronensaft an Bord nehmen. Auf einen Monat sind je 5 Mann mindestens 3 Liter Saft, dazu 3 kg Zucker und einige Liter Rum zu rechnen.

Berlin 1913

Aus: „Die Marine" von Brommy 1865 –
„unter Berücksichtigung der Fortschritte und unter
Hinzufügung gebräuchlicher Terminologie"

Rezepte gegen Seekrankheit

. . . folgenden Trank, wovon man einen halben Kaffeelöffel von Zeit zu Zeit, und zwar so oft einnimmt, bis das ganze Fläschchen binnen 6–8 Stunden verbraucht werde:

Destilliertes Baldrianwasser	2 Unzen
Destilliertes Orangenblütenwasser	1 Unze
Destilliertes Lüttichwasser	1 Unze
Zimmet Tinktur	1 Quentchen
Sydenham's flüssiges Laudan	20 Tropfen

Als Linderungsmittel empfiehlt sich auch Folgendes:

Man destilliert eine halbe Unze Hydrochlorsäure mit fünf Unzen Alkohol und mischt dazu achtunddreißig Unzen gemeines Wasser mit einem Zusatz von Münzenwasser – was eigentlich dem Gebrauch der gerühmten Hoffmann'schen Tropfen oder dem deluirten Schwefeläther entsprechen würde.

Alle Diejenigen, welche in solchen Fällen von einem von Matrosen anempfohlenen Mittel Gebrauch machten, fanden bis jetzt vollkommene Linderung. Dies besteht darin, daß man ein Paar Körner Pfeffer schluckt, sobald irgendeine Anlage zu diesem Übel gefühlt wird . . .

. . . Ein barbarisches, aber leider zeitweise doch erprobtes Mittel gegen die Seekrankheit sollen auch gelinde Prügel sein. In der ‚pharmacopöa navalis' der Kriegsschiffe kommt dieses Heilmittel natürlich nicht vor – zuweilen aber in der ‚pharmacopöa pauperum' an Bord der Kauffahrer, wo der Schiffjunge nicht selten dadurch vollkommen geheilt wird.

Die Drinks der Sieben Meere

Der Hobbysegler hat heute den professionellen Windjammersegler abgelöst, und mit ihm haben sich auch die Trinksitten beträchtlich verfeinert. Er liebt es nuancenreicher. Ihm gilt dieser Rezeptteil. Gemixtes von den Sieben Weltmeeren und ihren Küsten.

Es wurde versucht, die Maß- und Meßangaben so einfach wie möglich zu halten. So schien uns die alte Maßeinheit „Finger" weit anschaulicher und sinnvoller, als uns in Gramm und Centiliter zu versteigen. Was diese „menschliche" Einheit vielleicht an Präzision vermissen läßt, macht sie durch ihre Brauchbarkeit leicht wieder wett. Wer möchte wohl bezweifeln, daß es ein schier unmögliches Unterfangen ist, bei Windstärke 8 genau $6^{1}/_{2}$ Centiliter abzumessen, wenn das Boot rollt und stampft oder sich gar auf die Seite legt. Das Wetter muß aber erst noch erfunden werden, das einen echten Seemann hindert, sich 2 bis 3 Finger Rum in ein Wasserglas zu kippen.

Ein Finger bedeutet für unsere Rezepte, jene Menge Flüssigkeit in einem normalen Wasserglas, die in Höhe die Dicke eines jeden Fingers der rechten oder der linken Hand – den Daumen ausgenommen – ausmacht.

Unter „Tasse" wird eine handelsübliche Kaffeetasse verstanden, deren Inhalt etwa 4 Finger entspricht.

„Flasche" meint die gängigen Spirituosenflaschen von 0,7 Liter.

Da zum Leidwesen vieler Segler die Kombüse in Komfort und Ausstattung meist benachteiligt ist, und bei fast allen Booten vom Konstrukteur sehr oft mehr Geld und technisches Know-how in Mast oder Motoren verschwendet wird, als den Notwendigkeiten von Skipper und Crew zu folgen und einen seefesten Kühlschrank oder einen kardanisch aufgehängten Gläserschrank zu installieren, sahen wir uns gezwungen, auch die Trinkgefäßarten auf ein Minimum zu beschränken.

Mit Longdrink-, Cocktail-, Whisky-Mug oder Bowlenglas muß sich unsere schwimmende Bar bescheiden.

Ein Shaker sollte schon an Bord sein, auch wenn er jedesmal nur fürs Wochenende oder den Urlaubstörn eigens von der Hausbar entliehen werden muß. Sollte er allerdings einmal zu Hause vergessen oder bei einem rauschenden Fest über Bord gegangen sein, kann sich der erfindungsreiche Haus- oder Schiffsherr mit einer handelsüblichen Fruchtsaftflasche mit weitem Hals und schließendem Deckel aus der Verlegenheit retten.

Silberlöffel und Kristallschalen haben sich in langen Versuchsreihen leider nicht als seetauglich erwiesen und sind daher bei der Erstellung der Inventarliste wohlweislich gestrichen worden.

Auf Eis kann in vielen Fällen nicht verzichtet werden. Doch beim heutigen Stand der Kühlboxtechnik kann man sich auch auf einem 22-Füßler problemlos einen kühlen Trank leisten.

Bei den Zutaten wurde auf allzu Exotisches, das sowohl beim Shipehandler als auch im Supermarkt schwerlich zu erstehen ist – wie beispielsweise Kokosnußmilch –, verzichtet.

Für den Segelfreund, dessen alkoholische Seemannschaft noch zu wünschen übrig läßt, haben wir eine Beaufort-Skala der Getränke entwickelt, im Folgenden Drinkforce genannt – abgekürzt Df.

In Sturm und Flaute erfahren, kann sich unser Freund bei jedem Drink leicht und schnell ein Bild machen, was auf ihn zukommt und welche Vorsichts- oder Rettungsmaßnahmen er ins Auge zu fassen hat.

Zum Schluß möchten wir noch einmal klarstellen, daß Sie mit diesen Rezepten, den Zutaten und der Ausrüstung ganz sicher keinen internationalen Cocktailwettbewerb gewinnen werden. Doch wird sich Ihr Boot im heimischen Hafen schnell einen guten Namen machen, und es steht außer Frage, daß Sie Zöllner, Hafenmeister, Arzt und die Herren von der Einwanderungsbehörde in einem fremden Hafen zum Freund haben werden.

Drinkforce-Skala (Df)

Stärke	Charakteristika/Bemerkungen
Df 1–2 *Schwach*	Leicht – sprudelnd – bekömmlich – besonders geeignet für Damen, Jugendliche, Abstinenzler und Chartergäste.
Df 3–4 *Gemäßigt*	Noch leicht wässerig – süß oder sauer – doch schon läßt sich die Stärke unter der Oberfläche ahnen – geschaffen für faule Nachmittage im Cockpit, überlange Regatten, Flauten und Soirees in der Marina.
Df 5–6 *Kräftig*	Gutabgestimmte und berechnete Stärke – sorgt ohne Mühe für den alkoholischen Rahmen für eine Kap Hoorn-Geschichte, Garn aus Shanghai und läßt beim Kostümfest an Bord alle Wünsche möglich werden.
Df 7–8 *Hart*	Stark – oft roh und feurig – das tägliche Brot für den Seemann der alten Schule – genau das richtige für Trinkwettbewerbe, Jungfernfahrten, Abschiedsfeste und jede Art von schwerem Wetter.
Df 9 und mehr *Explosiv*	Nichts für schwache Naturen und Landratten – 3–4 Drinks von Df 9 führen unweigerlich zu starkem Rollen, unkontrollierbarem Surfen und in schweren Fällen gar zur Entmastung oder Strandung.

Glastypen

- Longdrinkglas
- Whiskeyglas
- Cocktailglas
- Punschglas (Mug)

Die verwendeten Alkoholsorten

Aquavit	Pernod	Weinbrand
Arrak	Rum – weiß	Whiskey
Bier	– dunkel	Wodka
Calvados	Sekt	Wein – Rot
Cointreau	Sherry	– Weiß
Gin	Korn	– Rosé
	Vermouth	– Porto

Weitere Zutaten

Gewürze:		*Früchte und Gemüse:*
Anis	Curry	Ananassaft
Schwarzer Pfeffer	Muskat	Apfelsaft
Kümmel	Paprika	Kirschmarmelade
Sellerie-Salz	Pfefferminze	Grapefruitsaft
Zimt	Salz	Zitronen
Nelken	Vanille	Apfelsinen
Koriander		Pfirsiche
		Tomatensaft

Kleines Getränke-Abc

Aquavit

Aquavit soll nach altem Gebot „rein wie eine Jungfrau – stark wie ihr Freier – heiß wie ein Herdfeuer und kalt wie ein Gebirgsquell" sein.

Reiner Kornbrannt und Kümmel geben ihm seinen „nordischen" Geschmack. Nach der Zufallserfindung eines Seemannes, der mit einem alten Sherryfäßchen voll Aquavit im Gepäck anheuerte und schließlich in Australien feststellte, daß sich der Geschmack um ein Vielfaches verbessert hatte, werden Edelsorten des nordischen Klaren auch heute noch in Sherryfässer gefüllt und erst einmal zur See geschickt und bis zu den fernsten Kontinenten geschaukelt, um irgendwo auf der Reise den Äquator zu überschreiten. Dieser weitgereiste Aquavit nennt sich stolz „Linien-Aquavit" – der Name, den ihm Neptun bei der Äquatortaufe gegeben hat.

Staatliche Garantie

A/S Vinmonopolet verbürgt:
Dieser LINIE-Aquavit
hat in alten Sherry-Fässern
auf der Reise von
Norwegen nach Australien
mit dem
Wilh. Wilhelmsen-Dampfer

M/S TOMBARRA

den Äquator passiert.

Zeit der Reise:

3.7 – 4.10. 76

Arrak

Arrak ist von allen alkoholischen Getränken wohl das sortenreichste. Das Wort „araq" kommt aus dem Arabischen und bedeutet „Saft". Als seine Erfinder gelten die Chinesen. Die Seefahrer lernten ihn in Indonesien kennen und lieben. „Echter" Arrak besteht aus Palmensaft, vergorenem Reis und Zuckerrohrmelasse. Nach Belieben kann jedes dieser Bestandteile weggelassen werden und dafür können Früchte oder auch Blumen beigegeben werden. Und immer noch bleibt es Arrak. So gibt es je nach Herkunft einen Batavia Arrak, einen Goa Arrak, Ceylon, Siam oder Djakarta Arrak. Tartaren destillieren sich ihren Tungusischen Arrak sogar aus Stutenmilch und eiweißreichem Reis.

Für viele Hochkulturen Asiens ist seit altersher Arrak der Trank der Götter gewesen, der als ein glücksbringendes Genußmittel angesehen wurde.

Bier

Bier ist ein aus Hopfen und Malz bereitetes, im Zustand der Nachgärung befindliches Getränk, das neben Alkohol und Kohlensäure noch nährkräftige Bestandteile des Getreides enthält. Bier enthält nicht nur Alkohol, Malzzucker, Kohlenhydrate, gelöste wertvolle Mineralstoffe, Röst- und Aromastoffe, sondern auch wichtige Aminosäuren und die Schutzstoffe des Nikotinsäureamids. Unschätzbar ist im Bier das Laktoflavin (Vitamin B_2), das nicht nur an der Zellatmung beteiligt ist, sondern auch das Wachstum reguliert. Bier enthält auch Phosphorsäure.

Das Wort Bier: vom althochdeutschen „bior" und vom frühhochdeutschen „beor", kein einheimisches Wort aus germanischem Stamm, sondern ein klösterliches Fremdwort aus dem volkslateinischen „biber" – von bibere – trinken, für Getränk. Der Name kann aber auch aus einer indogermanischen Wurzel „bher", „bhreu" = wallen, sieden, kommen. Das Bier der Ritterzeit hieß „iel", altgermanisch „ales", die Dänen nennen Bier „bel", Angelsachsen „ale".

Curt Wilhelm, „Lexikon der Getränke"

Calvados

Calvados ist nicht ein Apfelschnaps, er ist der Apfelschnaps! Noch heute wird „Calva" in der Normandie wie vor hunderten von Jahren hergestellt. In riesigen Mühlen werden ganze Halden gestapelter Äpfel zuerst einmal zu Apfelbrei zerquetscht – kurz „fromage" (Käse) genannt – und ein ruheloser Apfelwein hergestellt – der Cidre. Bis zu 15 Jahren lagert dann der Cidre in übergroßen Holzfässern, die nie ganz geleert, sondern immer wieder aufgefüllt werden mit der neuen Ernte. Auch beim Brennen führt die Tradition Regie: die Feuer der Brennblasen werden mit Holz unterhalten, und aus Holz sind auch Rohre und Leitungen, durch die der Brand dann fließt. Zwischen Suppe und Brot, zwischen Steak und Salat, zwischen Käse und Dessert gibt es auch bei den Normannen unserer Zeit gelegentlich kleine „Kunstpausen", die sie „normannische Löcher" (trou normand) nennen. Diese Löcher werden nach alter Tradition mit einem guten Calvados gestopft. In der Seefahrt konnte der Calvados nicht recht Fuß fassen.

Cointreau

Cointreau ist ein herber, bitterer Apfelsinenlikör, der eigentlich zur Grundausrüstung einer jeden Bar zu Wasser und zu Land gehört. Gelegentlich wird er dem Curacao gleichgesetzt, doch bei derlei Vereinfachung mag man auch Schoner und Ketsch für ein und dasselbe halten. Monsieur Cointreau aus Angers hatte Anfang des vorigen Jahrhunderts von dem karibischen Brauch gehört, eine bittere Apfelsinenscheibe in weißen Rum zu tauchen und daran zu lutschen. Kurzentschlossen übernahm er die Idee und füllte sie – nachdem er den Rum durch Weinbrand ersetzt hatte – in die bekannten viereckigen Flaschen, die sich ganz besonders gut für den Barbetrieb an Bord eignen: sie sind niedrig, klein, standfest und rollen nicht bei jedem Kreuzschlag hin und her.

Gin

Gin ist der jüngere Bruder des holländischen Genevers, der sich durch die dunkelsten Hinterhöfe englischer Geschichte durchgekämpft und heute seinen Verwandten vom Festland in Qualität und Quantität weltweit in den Schatten stellt. Gin hat heute nichts mehr von dem scheußlichen Fusel der englischen Elendskneipen im 17. und 18. Jahrhundert an sich.

‚Stockbesoffen für zwei Pence' hieß damals der Wahlspruch, und ganze Familien gingen daran zugrunde. Und das alles nur, weil Wilhelm von Oranien, nachdem er englischer König geworden war, seine Untertanen süchtig gemacht hatte, indem er ihnen vorbehaltlos erlaubte, Wacholderschnaps in unbegrenzten Mengen zu brennen, ohne Abgaben oder Steuern zahlen zu müssen. Seine Idee bestand darin, den Schnaps seiner Heimat – den Genever – in England populär zu machen – was ihm ja auch gelang.

Gin nahmen die englischen Auswanderer mit nach Amerika, und er stärkte ihre Herzen in den Indianerkriegen.

Heute ist Gin ein Edelgetränk geworden, und durch die Zugabe von Zitronen, Pomeranzen, Gewürzen, Blüten, Kümmel, Koriander, Engelwurz, Kardamom und vielen anderen, ist der Geschmack so verfeinert worden, daß heute auch nichts mehr an die ‚Mutter Ruin', wie der Gin einst genannt wurde, erinnert – außer dem Namen.

Pernod

Pernod, einem jeden Frankreichurlauber wohlbekannt, ist ein moderner Ersatz für ein Getränk, das gegen Ende des vergangenen Jahrhunderts unter dem Namen Absinth – „die grüne Muse" – in fast allen Bevölkerungsschichten Frankreichs sein Unwesen trieb. Absinth, aus Wermutwurzeln, Anis und anderen Kräutern, hatte sich als sehr gesundheitsschädlich erwiesen, verursachte Lähmungen, Vergiftungen, und es kam nicht selten vor, daß Menschen nach eifrigem Genuß oft tagelang bewußtlos blieben. Heute ist Absinth aus verständlichen Gründen in fast allen Ländern Europas verboten.

Sein geschmacklicher Nachfolger ist heute der Pernod, dem die so verderblichen ätherischen Öle des Wermuts weitgehend entzogen sind. Er erfreut sich nicht nur in Frankreich großer Beliebtheit. Überhaupt scheint der Mittelmeerraum den Anisgeschmack sehr zu schätzen. So trinkt man in Griechenland den „Ouzo", in Spanien einen „Anisado" oder „Anis del Mono", die Türken erfreuen sich an ihrem „Raki" und die Korsen haben ihren „Pastis" sogar zum Nationalgetränk erkoren.

Wie dem auch sei, ein Pernod á la francaise wird jedenfalls 1:5 mit möglichst eiskaltem Wasser verdünnt.

Rum

Seinen ruhmreichen Namen soll der Rum von den Wirkungen bekommen haben, die er bei den Seeleuten, Piraten und Abenteurern hervorrief: Krawall, Wirrwarr, Krach, Durcheinander – das heißt englisch Rumbullion oder Rumbustion. Der Einfachheit halber kurz Rum genannt. Fest steht jedenfalls, daß es die berüchtigten westindischen Piraten waren, die den Rum nach Europa brachten, wo man wiederum mit ihm Negersklaven in Afrika kaufte. Kerngebiet der Rumproduktion ist nach wie vor die Karibik, und jede kleine Insel ist stolz darauf, ihren eigenen, anderen und natürlich besseren Rum herzustellen. Er weicht auch tatsächlich im Geschmack beträchtlich ab. Viele der einheimischen Rumsorten werden bei uns gar nicht gehandelt. Zu unterscheiden ist weißer und dunkler Rum. Während weißer Rum hauptsächlich auf Kuba, Puerto Rico und Haiti produziert wird, kommt sein dunkler Bruder von Jamaika, Barbados und Guayana. Ursprünglich sind beide Arten allerdings wasserklar, doch nehmen die dunklen durch Zuckercouleur und Lagerung in speziellen Holzfässern ihre berühmte bräunlich-goldene Farbe an.

Sherry

Sir Francis Drake wird vielfach das Verdienst zugeschrieben, den Sherry in Europa bekannt und in Mode gebracht zu haben. Sherry, ein Aperitif- oder Dessertwein aus einer relativ kleinen Gegend Südspaniens. Zentrum des Anbaugebietes ist die Stadt Jerez, nordöstlich von Cadiz. Von den Engländern stammt auch der Name Sherry, denn das spanische Wort Jerez war wohl ungeübten englischen Zungen unaussprechlich. Auch berühmten Freibeutern und Kaperkapitänen wird nachgesagt, daß sie besondere Vorlieben für den Sherry entwickelt hätten. Doch das lag vielleicht nicht so sehr an ihren geübten Zungen, sondern an der Tatsache, daß dem Sherry im Laufe der recht komplizierten Herstellung reiner Alkohol oder auch Weinbrand zugesetzt wurde, und eine Flasche Sherry somit immerhin zweimal so stark – und damit gut – war, als eine normale Flasche Wein.

Vermouth

Die Spuren des Vermouth in der Geschichte zurückzuverfolgen, dürfte recht schwierig, wenn nicht sogar unmöglich sein. Sicherlich tranken schon die Römer ihren Vermouth und die Griechen ganz gewiß auch. Der heutige Name allerdings kommt aus dem deutschen Sprachbereich – vom Wermutkraut, und die internationale Schreibweise „Vermouth" ist ein Geschenk der Engländer. Ein Rangeln um Gesetze und Bestimmungen hat schließlich dazu geführt, daß ein deutscher Wermutwein nicht mehr als „Vermouth" etikettiert werden darf.

Grundlage für den Vermouth bildet ein guter Weißwein (z. B. Muskateller); Aufgüsse und Zugaben von aromatischen Alpenkräutern, Blüten, Pflanzen, Wurzeln und Rinden geben dem Vermouth dann erst, je nach Rezept, seinen süßlichen italienischen oder trockenen französischen Geschmack.

Weinbrand

Der Weinbrand gehört in die Familie der Branntweine. Branntwein ... Weinbrand – man könnte auf den Gedanken kommen, das sei vielleicht sogar dasselbe. Doch dem ist nicht so. Weinbrand ist ein Brand aus Wein, während Branntwein – im Gegensatz zu Brennwein – nicht unbedingt etwas mit Wein zu tun haben muß – wie die Beispiele Korn oder Whisky zeigen –, noch muß bei der Herstellung unbedingt gebrannt, das heißt destilliert werden. Weinbrand ist ein deutscher Kognak, ein Brand „nach Art des Cognacs". Offiziell darf man das nicht mehr sagen, seit die Franzosen Cognac als Herkunftsbezeichnung gesehen haben wollen. Mit anderen Worten, Cognac oder auch Armagnac sind Weinbrände, die nicht aus Rüdesheim und Ürdingen, sondern aus Cognac und Armagnac kommen.

Die angelsächsische Zunge bezeichnet den Weinbrand als Brandy, und als solcher geistert er denn auch meistens durch die Seefahrtsliteratur. Doch speziell die Amerikaner verstehen unter Brandy auch Obstbrände, so daß man beispielsweise nicht ganz sicher sein kann, ob mit Cherry Brandy wirklich der Likör gemeint ist oder nicht ein Kirschwasser. Französische Cognac-Flaschen sind mit geheimnisvollen Kürzeln verziert. Es bedeutet:

V.O.   = very old = sehr alt
V.O.P.   = very old pale = sehr alt hell
V.S.O.   = very superior old = sehr alt und ausgezeichnet
V.S.O.P. = very superior old pale = sehr alter ausgezeichneter heller Brand
V.V.S.O. = very, very superior old = sehr, sehr alt und ausgezeichnet
X.O.   = Extra old = Außergewöhnlich alt

Diese Bezeichnungen hatten einst die Engländer als Hauptimporteure eingeführt, sie haben sehr an Bedeutung verloren und bedeuten nichts weiter, als daß der Cognac mindestens fünf Jahre gelagert hat.

Sterne (von 1–5) zieren viele Brandy-Flaschen. Einst waren sie Qualitätsmerkmale, je mehr um so besser, heute sind sie nur noch mehr oder minder Etikettenschmuck.

tisons' Whisky, like a British Ironclad, is at home in all "Waters."

Whisky

Kaum einem anderen Getränk steht der in Sachen Alkoholika Unerfahrene hilfloser gegenüber als dem Whisky. Da mag es schon manchem passiert sein, daß er an einer Bar mit forscher Stimme und weltmännischer Geste einen Whisky bestellte und anstelle eines Drinks nur das mitleidige Lächeln des Barkeepers erntete.

Nicht nur, daß es schottischen, amerikanischen, kanadischen, irischen (und auch deutschen) Whisky gibt, die dann wiederum nach 99 verschiedenen Arten, Brennmethoden, nach Hoch- und Tiefländern unterschieden werden; zu einem echten Problem wird die Wahl dann, wenn man sich auch noch mit Red, Black, White und Gold Label auskennen soll. Hergestellt wird der Scotch aus Gerste und Roggen, der Canadian aus Roggen und Mais, der Bourbon hauptsächlich aus Mais und Roggen, der American Rhy aus Roggen und der Irish aus ungeräucherten Malzsorten. Übrigens: der irische und der amerikanische schreiben sich Whisk**e**y.

In der Geschichte der Seefahrt hat der Whisky, ob mit oder ohne „e", keine große Rolle gespielt.

Wodka

Gegen die landläufige Meinung, Wodka sei *der* Kartoffelschnaps, muß eingewendet werden, daß besondere und ältere Wodka-Arten auch aus Roggen, Gerste und aus Weizen gebrannt werden. Außerdem sollte man wissen, daß das „Wässerchen" nicht nur in Rußland, sondern auch in Polen, Finnland und Deutschland in nicht minderer Qualität hergestellt wird. Im Vergleich mit anderen Schnäpsen dieser Welt ist Wodka aus Kartoffeln ein noch relativ junges Getränk. Erst mußte die Knollenfrucht ja bekanntlich von Francis Drake, dem Privatpiraten Ihrer Majestät Elizabeth I., nach England gebracht werden und sich als Volksnahrungsmittel in ganz Europa einbürgern. Danach stand der „Erfindung" des Wodkas aus Kartoffeln nichts mehr im Wege.

Wodka, eiskalt getrunken, ist nicht nur beliebt bei den Holzfällern der Tundra und Taiga, nicht nur das Lieblingsgetränk des Hafenkapitäns von Wladiwostock, nein, wegen seiner Weichheit und Reine ist er in ganz besonderem Maße als alkoholische Basis für viele Mixgetränke geeignet, und steht daher heute auch in der übrigen Welt hoch im Kurs.

KLASSISCHE WINDJAMMER-DRINKS

um 1780
Salvator

1 Flasche Bier
2 Finger Rum
1 Zitrone
2–3 Scheiben Altbrot
2 EL Zucker
1 Handvoll Rosinen

Das Altbrot in Stücke brechen und in eine Schüssel geben. Zucker darüberstreuen und mit Rum übergießen. Ungefähr 20 Minuten ziehen lassen. Dann Bier, Rosinen und Zitronensaft dazuschütten und noch einmal 30 Minuten ziehen lassen. Durch ein Sieb schütten und servieren.

Stärke in Df.	Portionen	Glastyp	Temp.	Shaker	Eis	Zubereitungszeit
6	2		heiß / kalt ×			1 Stunde

1770, Sir Joseph Banks, „The Endeavour"
Skorbut Punsch

1 Flasche Branntwein
4 Zitronen

Die Zitronen ausdrücken und die Schale möglichst fein schneiden. Saft und Schalenstücke mit dem Weinbrand mischen und etwa eine Stunde ziehen lassen. Durch ein Sieb schütten und servieren.

Stärke in Df.	Portionen	Glastyp	Temp.	Shaker	Eis	Zubereitungszeit
8	10		heiß / kalt ×			1 Stunde

etwa 1720, „Brethren of the Coast"
Hipsy

1 Flasche Weinbrand
1 Flasche Wein
1 Flasche Wasser
1 Pfund Zucker

Den Zucker im Wasser auflösen, dann Wein und Weinbrand dazurühren.

Stärke in Df.	Portionen	Glastyp	Temp.	Shaker	Eis	Zubereitungszeit
8	10–12		heiß / kalt ×			5 Min.

etwa 1830, Captain Charles Roth
Egg Calli

1 Flasche Bier
1 Ei
1 Handvoll Zucker

Ei und Zucker ins Bier rühren und möglichst bald trinken.

Stärke in Df.	Portionen	Glastyp	Temp.	Shaker	Eis	Zubereitungszeit
3	2		heiß / kalt ×			5 Min.

KLASSISCHE WINDJAMMER-DRINKS

um 1700, Royal Navy Rezept
Bimbo

1 Flasche Rum
1 Flasche Wasser
1 Handvoll Zucker
 Prise Muskatnuß

Stärke in Df.	Portionen	Glastyp	Temp.	Shaker	Eis	Zubereitungszeit
5	4		heiß			5 Min.
			kalt ✕			

um 1840, Walfänger aus Boston
Tarantula Saft

2 Flaschen Rum
1 Flasche Tabaksaft
 mit Wasser
 verdünnt
 Pfirsiche oder
 Aprikosen
1 Handvoll Zucker

Die Früchte in kleine Stücke schneiden, zuckern und mit Rum und Tabaksaft übergießen. 30 Minuten ziehen lassen.

Stärke in Df.	Portionen	Glastyp	Temp.	Shaker	Eis	Zubereitungszeit
9	8–10		heiß			40 Min.
			kalt ✕			

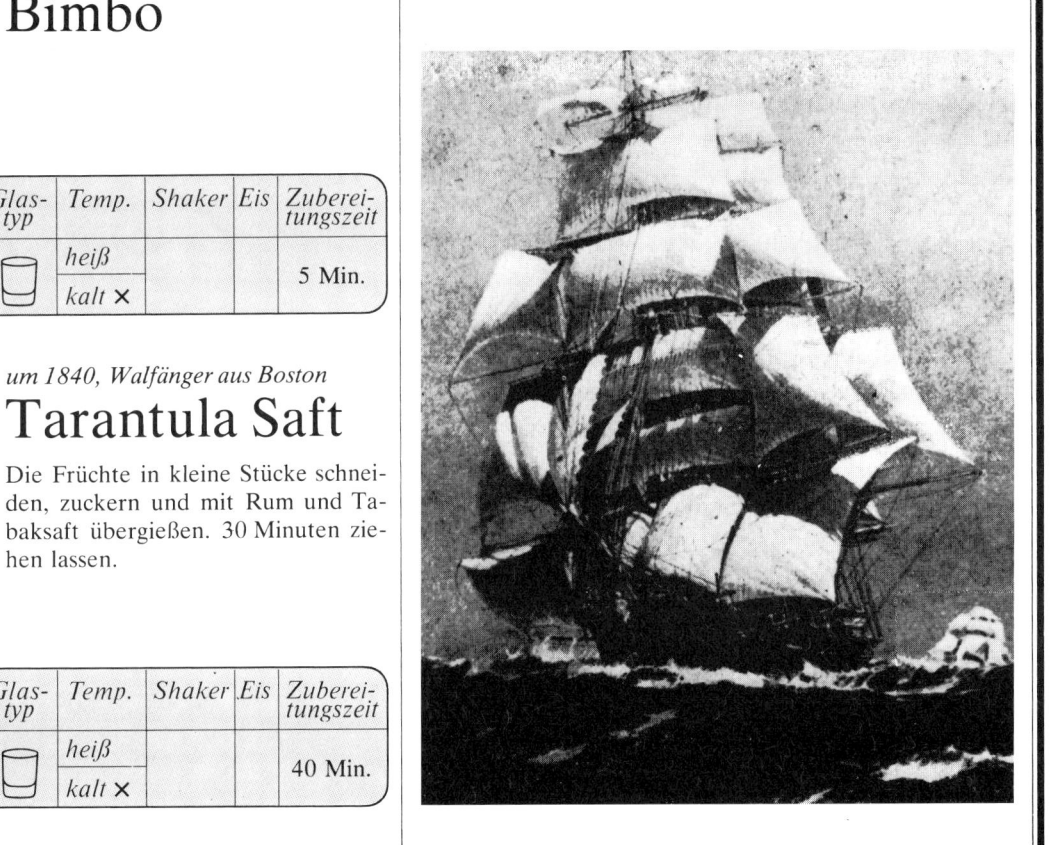

*Das große Tee-Rennen von 1866.
Die Klipperschiffe „Ariel" und „Teaping"*

KLASSISCHE WINDJAMMER-DRINKS

Original Daiquiri
17. Jahrhundert Karibik

2 Finger heller Rum
Saft einer Zitrone
1 Teelöffel Zucker –
braun

Stärke in Df.	Portionen	Glastyp	Temp.	Shaker	Eis	Zubereitungszeit
6	1		heiß kalt ✕			5 Min.

Trinity
18. Jahrhundert

4 Finger Weinbrand
4 Finger Rum
1 Flasche Bier
3 Eier
1 Handvoll Zucker
– braun

Stärke in Df.	Portionen	Glastyp	Temp.	Shaker	Eis	Zubereitungszeit
9	2–3		heiß kalt ✕			5 Min.

Sea Urchen (Seeigel)

½ Liter Gin
1 Liter Bier
2 große Rettiche

Die Rettiche in einen Krug oder eine Flasche raspeln, Bier und Gin dazugeben und drei Tage stehen lassen. Dann durch einen Kaffeefilter schütten und in eine verschließbare Flasche füllen.

Stärke in Df.	Portionen	Glastyp	Temp.	Shaker	Eis	Zubereitungszeit
6	2		heiß kalt ✕			3 Tage

Sea Urchen: Erwähnt in „Seamen All", by E. K. Chatterton, London 1914

Slime

Saft einer Dose Sauerkraut
2 TL gekörnte Brühe
4 Finger weißer Rum, Korn oder Wodka

Den Saft des Sauerkrautes erhitzen und die gekörnte Brühe darin auflösen. Dann den Rum zugeben. Kalt servieren – oder bei schwerem Wetter nochmals erhitzen, aber nicht zum Kochen kommen lassen.

Stärke in Df.	Portionen	Glastyp	Temp.	Shaker	Eis	Zubereitungszeit
7	2		heiß ✕ kalt ✕			10 Min.

Slime: Erwähnt in „Observations on some points of seamanship eight pratical hints. By Captain Anselm John Griffith R. N., Chelternham 1824

KALTE PUNSCHE

Admiral's Punch

1 Flasche Weinbrand
1 Flasche dunkler Rum
1 Flasche Sekt
½ Flasche Rosé
½ Flasche roter Vermouth
½ Flasche Soda Wasser
Saft von ca. 10 Zitronen

Alle Teile mischen, gut durchrühren und Zucker je nach Geschmack dazugeben. Kalt servieren.

Stärke in Df.	Portionen	Glastyp	Temp.	Shaker	Eis	Zubereitungszeit
7	ca. 20	🍺	heiß / kalt ×		×	10 Min.

Commodore's Punch

½ Flasche Sherry
½ Flasche Weinbrand
4 Flaschen Bier
2 Flaschen Sekt
2 Zitronen in Scheiben geschnitten

Sherry, Weinbrand und Bier mischen. Kurz vor dem Auftragen Sekt und Zitronenscheiben dazugeben.

Stärke in Df.	Portionen	Glastyp	Temp.	Shaker	Eis	Zubereitungszeit
5	ca. 20	🍺	heiß / kalt ×		×	10 Min.

Lazy Afternoon

2 Flaschen trockener Weißwein
½ Flasche trockener Sherry
½ Tasse Pernod
½ Tasse Weinbrand
½ Flasche Soda
1 Zitrone in Scheiben geschnitten

Wein, Sherry, Pernod, Weinbrand und die Zitronenscheiben zusammenschütten und 15 Minuten ziehen lassen. Dann Soda dazugeben und kalt servieren.

Stärke in Df.	Portionen	Glastyp	Temp.	Shaker	Eis	Zubereitungszeit
4	ca. 15	🍺	heiß / kalt ×		×	20 Min.

Labrador Punsch

½ Flasche Weinbrand
½ Flasche Rotwein
2 kleine Dosen Milch
2 TL Zucker
1 Flasche Mineralwasser

Zucker und Milch verrühren, dann Wein und Weinbrand dazugeben. Mineralwasser erst kurz vor dem Servieren dazuschütten.

Stärke in Df.	Portionen	Glastyp	Temp.	Shaker	Eis	Zubereitungszeit
4	ca. 8	🍺	heiß / kalt ×		×	10 Min.

KALTE PUNSCHE

Feuerland Punsch

1 Flasche Weißwein
2 Flaschen Gin
½ Flasche Mineralwasser
½ Tasse Pernod

Alle Teile mischen und vor dem Servieren ½ Stunde ziehen lassen. So kalt wie möglich auftragen.

Stärke in Df.	Portionen	Glastyp	Temp.	Shaker	Eis	Zubereitungszeit
5	ca. 12	🍺	heiß / kalt ✗		✗	35 Min.

Cutty Sark Punsch

1 Flasche Whisky
1 Flasche Weinbrand
½ Flasche Pfirsichlikör
2 Flaschen Mineralwasser
Saft von 8–10 Apfelsinen
½–1 Tasse Zucker
Eis

Alle Teile in einen großen Topf oder ein Bowlengefäß geben und vielleicht 15–20 Minuten ziehen lassen. Gelegentlich umrühren, möglichst kalt servieren.

Stärke in Df.	Portionen	Glastyp	Temp.	Shaker	Eis	Zubereitungszeit
7	15–20	🍺	heiß / kalt ✗		✗	20 Min.

HEISSE PUNSCHE

Ostindien Punsch

1 Flasche Arrak
1½ Liter heißer, starker Tee
6 Eigelb
2 Tassen Zucker

Die Hälfte des Zuckers im Tee auflösen. In einem anderen Gefäß werden Arrak, Eigelb und der restliche Zucker gut durchgeschlagen. Beide Teile jetzt zusammenschütten und bei kleiner Flamme erhitzen. Nicht zum Kochen kommen lassen.

Stärke in Df.	Portionen	Glastyp	Temp.	Shaker	Eis	Zubereitungszeit
4	ca. 10	🍺	heiß ✗ / kalt			15 Min.

Prohibition's Punch

1 Flasche Whisky
1 Liter Wasser
1½ Tassen Zucker
2 Zitronen
1 TL Zimt

Whisky und Wasser in einem Topf erhitzen, Zucker und den Saft einer Zitrone dazugeben. Nicht kochen lassen. Kurz vor dem Auftragen die in Scheiben geschnittene zweite Zitrone dazugeben, Zimt darüberstreuen und heiß servieren.

Stärke in Df.	Portionen	Glastyp	Temp.	Shaker	Eis	Zubereitungszeit
3	ca. 8–10	🍺	heiß ✗ / kalt			15 Min.

Äquator Punsch

1 Flasche Weißwein
1 Flasche dunkler Rum
1 Liter heißes Wasser
2 Tassen Zucker
2 Zitronen

Die Zitronen in ein Glas ausdrücken und zur Seite stellen. Zucker in einen Topf geben, die Zitronenschalen dazuraspeln und bei kleiner Flamme unter ständigem Rühren den Zucker bräunen. Dann Wein, Rum, Wasser und Zitronensaft dazugeben und erhitzen. Nicht kochen lassen.

Stärke in Df.	Portionen	Glastyp	Temp.	Shaker	Eis	Zubereitungszeit
3	ca. 12	🍺	heiß ✗ / kalt			20 Min.

Filibuster Punsch

½ Flasche Rum
½ Flasche Weinbrand
½ Flasche Wasser
½ Flasche Bier
½ Tasse Zucker
1 Zitrone
1 TL Muskat

Alle Teile, außer Zitrone und Muskat erhitzen. Erst kurz vor dem Servieren Muskat und Teile der Zitronenschale darüber streuen.

Stärke in Df.	Portionen	Glastyp	Temp.	Shaker	Eis	Zubereitungszeit
5	8–10	🍺	heiß ✗ / kalt			15 Min.

HEISSE PUNSCHE

Captain's Punch

1 Flasche Rum
1 Flasche Portwein oder Sherry
1 Liter starker Kaffee
1 Tasse Zucker

Alle Teile, außer dem Zucker, in einem Topf erhitzen. Dann erst langsam den Zucker einrühren. Des öfteren abschmecken, damit der Punsch nicht zu süß wird.

Stärke in Df.	Portionen	Glastyp	Temp.	Shaker	Eis	Zubereitungszeit
6	ca. 10	🍺	heiß ✕ / kalt			10 Min.

Eismeer Punsch

½ Flasche Weinbrand
½ Flasche weißer Rum oder Arrak
3 Apfelsinen
5 Zitronen
½ Liter Tee
1 Tasse Honig
1 Liter Wasser

Apfelsinen- und Zitronensaft mit dem Weinbrand mischen und ca. 30 Minuten ziehen lassen. Dann die übrigen Teile dazugeben, erhitzen, mehrmals umrühren und heiß servieren.

Stärke in Df.	Portionen	Glastyp	Temp.	Shaker	Eis	Zubereitungszeit
3	ca. 10–12	🍺	heiß ✕ / kalt			40 Min.

Klipperschiff „Flying Cloud"

GROGS

Steuermanns Grog

2 Finger Rum
2 Finger Portwein
2 Finger Wasser
1 Nelke
 Prise Zimt
 Apfelsinenscheibe

Wasser, Wein und Rum zusammen erhitzen, aber nicht zum Kochen kommen lassen. Die Gewürze dazugeben und bei kleiner Flamme einige Minuten ziehen lassen. In einer Mug mit einer Scheibe Orange servieren.

Stärke in Df.	Portionen	Glastyp	Temp.	Shaker	Eis	Zubereitungszeit
7	1		heiß ✕ / kalt			10 Min.

Blauer Peter

2 Finger Rum
¾ Glas Ananassaft
2 EL Zucker
1 TL Zitronensaft
 Prise Zimt

Alle Teile erhitzen, ständig umrühren, doch nicht zum Kochen kommen lassen. Bei kleiner Flamme noch 10 Minuten ziehen lassen.

Stärke in Df.	Portionen	Glastyp	Temp.	Shaker	Eis	Zubereitungszeit
4	1		heiß ✕ / kalt			15 Min.

Hundewache Grog

2 Finger dunkler Rum
1 EL Zucker
1 TL Butter
2 Nelken
 Prise Zimt
½ Tasse Wasser

Rum, Zucker, Zimt, Wasser und Nelken erhitzen, nicht kochen lassen. In eine Mug gießen und die Butter darauf schwimmen lassen.

Stärke in Df.	Portionen	Glastyp	Temp.	Shaker	Eis	Zubereitungszeit
4	1		heiß ✕ / kalt			10 Min.

Großkreis Grog

2 Finger dunkler Rum
1 Eigelb
1 EL Zucker
½ Tasse Wasser

Eigelb und Zucker gut verrühren und in die Mug geben. Rum und Wasser erhitzen und darüberschütten. Nicht umrühren.

Stärke in Df.	Portionen	Glastyp	Temp.	Shaker	Eis	Zubereitungszeit
3	1		heiß ✕ / kalt			10 Min.

GROGS

Neufundland Grog

3 Finger Whisky
1 EL Honig
1 TL Zitronensaft
¼ Tasse Wasser
Prise Muskat

Honig und Zitronensaft im Wasser auflösen, den Whisky dazugeben und langsam erhitzen. Nicht kochen. In die Mug gießen und Muskat darüberreiben.

Stärke in Df.	Portionen	Glastyp	Temp.	Shaker	Eis	Zubereitungszeit
4	1	🍺	heiß ✕ / kalt			10 Min.

Florida Grog

2 Finger dunkler Rum
1 EL Zucker
Saft von 3–4 Apfelsinen

Den Apfelsinensaft, falls nötig, mit ein wenig Wasser verdünnen, Zucker darin auflösen und langsam erhitzen. Rum einrühren und servieren.

Stärke in Df.	Portionen	Glastyp	Temp.	Shaker	Eis	Zubereitungszeit
3	1	🍺	heiß ✕ / kalt			10 Min.

Captain Flint's Grog

1 Finger Rum
1 Finger Weinbrand
1 TL Zucker
1 Ei
½ Tasse Milch
Prise Muskat

Milch erhitzen und langsam Ei und Zucker einrühren. In eine Mug gießen, Rum und Weinbrand dazugeben, umrühren, Muskat darüberreiben und servieren.

Stärke in Df.	Portionen	Glastyp	Temp.	Shaker	Eis	Zubereitungszeit
3	1	🍺	heiß ✕ / kalt			15 Min.

Mitternachtsgrog

1 Finger Rum
1 Finger Weinbrand
½ Tasse Milch
2 EL Honig

Milch und Honig erhitzen. Dann Rum und Weinbrand einrühren. Nicht kochen lassen.

Stärke in Df.	Portionen	Glastyp	Temp.	Shaker	Eis	Zubereitungszeit
3	1	🍺	heiß ✕ / kalt			10 Min.

GROGS

Morgenröte

1 Finger Rum
1 Glas Weißwein
1 TL Zucker
 Zitronenscheibe

Wein, Rum und Zucker erhitzen. In eine Mug schütten und die Zitronenscheibe schwimmen lassen.

Stärke in Df.	Portionen	Glastyp	Temp.	Shaker	Eis	Zubereitungszeit
2	1	🍺	heiß ✕ / kalt			10 Min.

Klabautermann

3 Finger Whisky
1 EL Haferflocken
2 EL Honig
¾ Glas Wasser

Die Haferflocken in etwas Wasser kochen, bis ein dickflüssiger Brei entsteht. Dann Honig und Whisky einrühren. Sollte es zu dickflüssig sein, schafft etwas heißes Wasser Abhilfe.

Stärke in Df.	Portionen	Glastyp	Temp.	Shaker	Eis	Zubereitungszeit
3	1	🍺	heiß ✕ / kalt			20 Min.

RUM-DRINKS

Tradewind Daiquiri

6 Finger Rum
2 TL Zucker
Saft von 3 Zitronen
Eis

Eis, Zucker, Zitronensaft und Rum in einen Shaker geben und kräftig schütteln. In kalte Gläser seihen und servieren.

Stärke in Df.	Portionen	Glas-typ	Temp.	Shaker	Eis	Zubereitungszeit
5	2		heiß / kalt ×	×	×	5 Min.

Port of Spain Daiquiri

4 Finger Rum
2 TL Zucker
½ Glas Ananassaft
1 EL Cointreau
Saft einer Zitrone

Im Shaker kräftig schütteln, bis sich der Zucker ganz gelöst hat. Mit oder ohne Eisstückchen servieren.

Stärke in Df.	Portionen	Glas-typ	Temp.	Shaker	Eis	Zubereitungszeit
3	2		heiß / kalt ×	×	×	5 Min.

Caribbean Girl

4 Finger Rum
2 TL Honig
4 TL Zitronensaft

Alle Teile in einen Shaker geben und schütteln, bis der Honig aufgelöst ist. Mit oder ohne Eis servieren.

Stärke in Df.	Portionen	Glas-typ	Temp.	Shaker	Eis	Zubereitungszeit
3	2		heiß / kalt ×	×	×	5 Min.

Quarter Deck

4 Finger dunkler Rum
2 Finger Sherry
Saft einer Zitrone
Eis

Alle Teile in den Shaker geben, gut schütteln und in Cocktailgläser seihen.

Stärke in Df.	Portionen	Glas-typ	Temp.	Shaker	Eis	Zubereitungszeit
5	2		heiß / kalt ×	×	×	5 Min.

RUM-DRINKS

Jolly Roger

3 Finger dunkler Rum
1 Finger Whisky
2 Finger Sherry
2 TL feiner Zucker
Eis

Eis in den Shaker geben, Rum, Whisky und Sherry dazuschütten. Schütteln bis der Zucker aufgelöst ist, ohne Eis servieren.

Stärke in Df.	Portionen	Glastyp	Temp.	Shaker	Eis	Zubereitungszeit
7	2		heiß / kalt ×	×	×	5 Min.

Bilgewasser

2 Finger dunkler Rum
1 Tasse klare Rindsbrühe (kalt)
Zitronenscheibe
Eis

Rum und Fleischbrühe mischen, Eis dazugeben, leicht umrühren und Zitronenscheibe schwimmen lassen.

Stärke in Df.	Portionen	Glastyp	Temp.	Shaker	Eis	Zubereitungszeit
2	1		heiß / kalt ×		×	10 Min.

RUM-DRINKS

Lobo del Mar

2 Finger weißer Rum
2 Finger Apfelsinensaft
2 Finger Bitter Lemon
Eis

Rum über das Eis gießen, dann den Apfelsinensaft. Mit Bitter Lemon auffüllen.

Stärke in Df.	Portionen	Glastyp	Temp.	Shaker	Eis	Zubereitungszeit
2	1		heiß		×	3 Min.
			kalt ×			

Maracaibo

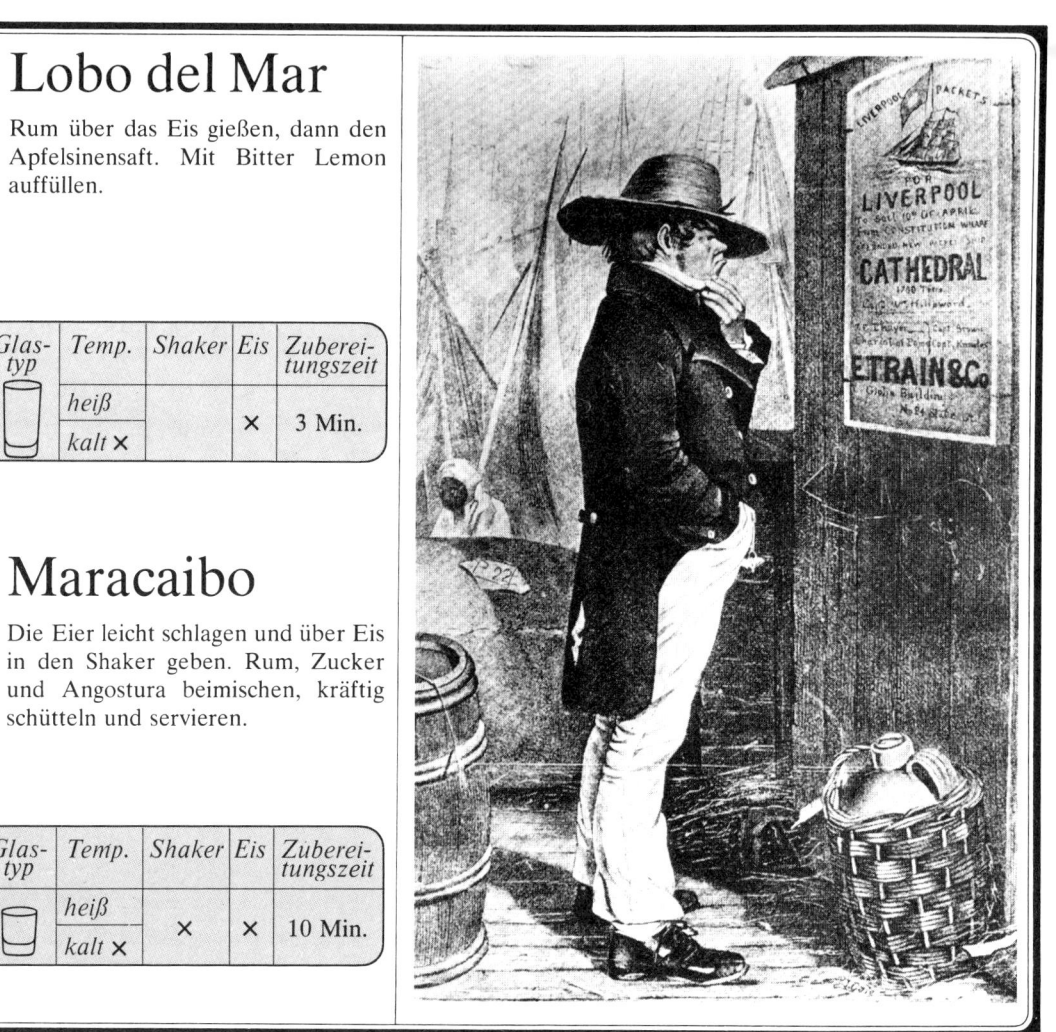

4 Finger Rum
2 Eier
2 TL feiner Zucker
Spritzer Angostura
Prise Muskat
Eis

Die Eier leicht schlagen und über Eis in den Shaker geben. Rum, Zucker und Angostura beimischen, kräftig schütteln und servieren.

Stärke in Df.	Portionen	Glastyp	Temp.	Shaker	Eis	Zubereitungszeit
3	2		heiß	×	×	10 Min.
			kalt ×			

RUM-DRINKS

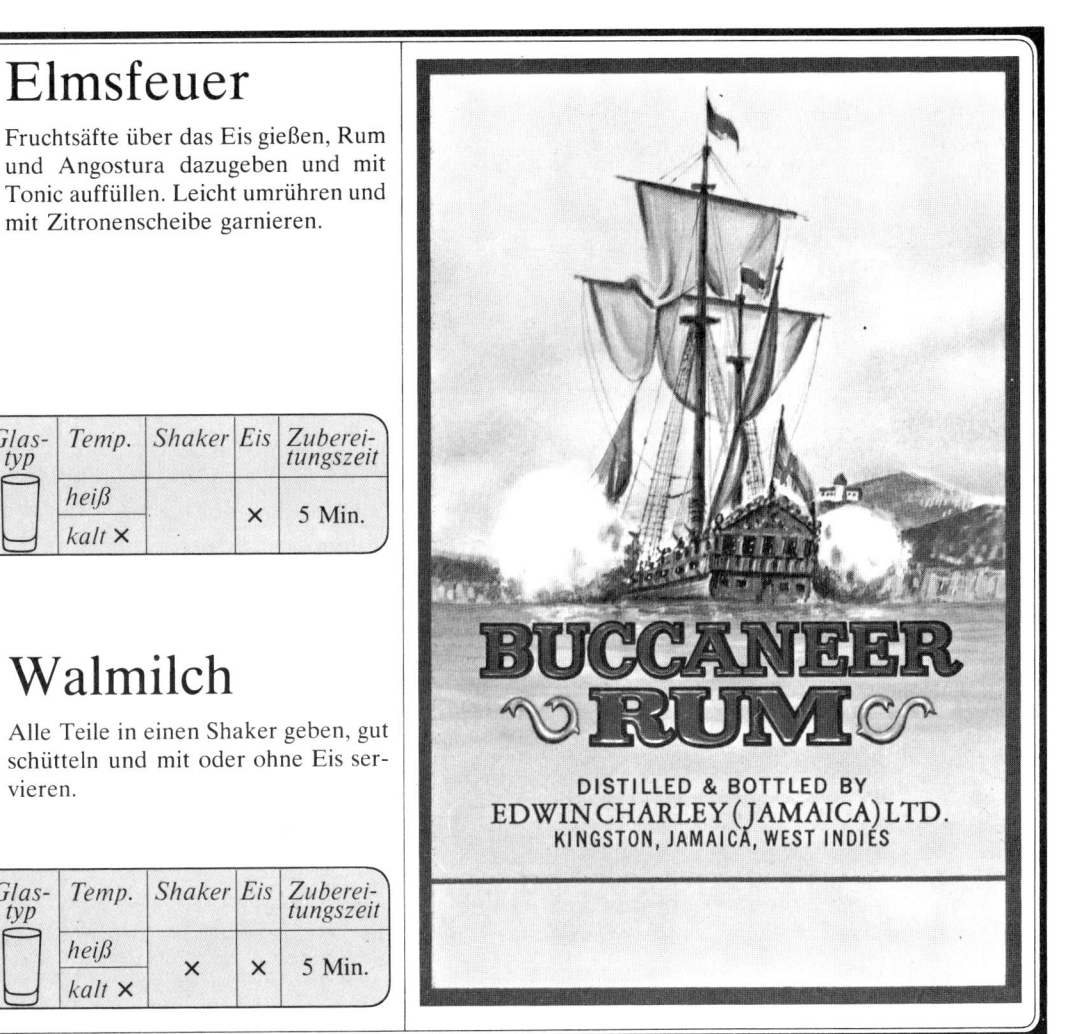

Elmsfeuer

2 Finger weißer Rum
Saft einer Zitrone
Saft einer Apfelsine
Spritzer Angostura
⅓ Glas Tonic-Wasser
Zitronenscheibe

Fruchtsäfte über das Eis gießen, Rum und Angostura dazugeben und mit Tonic auffüllen. Leicht umrühren und mit Zitronenscheibe garnieren.

Stärke in Df.	Portionen	Glastyp	Temp.	Shaker	Eis	Zubereitungszeit
2	1		heiß / kalt ×		×	5 Min.

Walmilch

2 Finger Rum
1 Finger Weinbrand
1 TL feiner Zucker
½ Glas kalte Milch
Eis

Alle Teile in einen Shaker geben, gut schütteln und mit oder ohne Eis servieren.

Stärke in Df.	Portionen	Glastyp	Temp.	Shaker	Eis	Zubereitungszeit
4	1		heiß / kalt ×	×	×	5 Min.

BUCCANEER RUM

DISTILLED & BOTTLED BY
EDWIN CHARLEY (JAMAICA) LTD.
KINGSTON, JAMAICA, WEST INDIES

RUM-DRINKS

Tobago Fizz

2 Finger Rum
 Saft einer halben
 Zitrone
 Saft einer halben
 Apfelsine
3 EL Dosenmilch
1 TL Zucker
½ Glas Soda-
 Wasser
 Eis

Alle Teile in einem Shaker gut durchschütteln. Dann in ein Glas geben und mit Soda-Wasser auffüllen.

Stärke in Df.	Portionen	Glastyp	Temp.	Shaker	Eis	Zubereitungszeit
2	1		heiß / kalt ×	×	×	10 Min.

Gletschermilch

2 Finger dunkler
 Rum
1 Ei
2 TL feiner Zucker
½ Glas kalte Milch
 Prise Muskat
 Eis

Ei, Zucker, Rum und Eis in den Shaker geben und gut schütteln. In ein Glas schütten, mit Milch auffüllen und Muskat darüberstreuen.

Stärke in Df.	Portionen	Glastyp	Temp.	Shaker	Eis	Zubereitungszeit
2	1		heiß / kalt ×	×	×	5 Min.

Blackbeard*

1 Finger dunkler
 Rum
1 Finger Weinbrand
1 Finger Zitronen-
 saft
1 TL Zucker
½ Glas Coca-Cola

Alle Teile verrühren und mit Coca-Cola auffüllen.

Stärke in Df.	Portionen	Glastyp	Temp.	Shaker	Eis	Zubereitungszeit
3	1		heiß / kalt ×		×	5 Min.

* Berüchtigter Pirat, der auf den Jungferninseln residierte

ZOMBIES

Wer einmal unter karibischer Sonne seinen Urlaub verbracht oder gar in einer Märchenbucht des Westindies Anker geworfen hat, wird sie sicher sein ganzes Leben nicht vergessen: die Daiquiris, Planter's Punsches und Zombies. Während man mit den beiden ersten tropischen Freunden gelegentlich auch bei uns Wiedersehen und -trinken feiern kann (und ihre Rezepte in den meisten Mixbüchern findet), wagt sich der Zombie kaum aus der Karibik heraus.

Nach dem Wudu-Glauben* ist ein Zombie ein wiedererweckter toter Sklave, der, halb Mensch halb Geist, seinem Herrn dient und Freude bereitet. Und ganz genau das tut auch unser „flüssiger Zombie" mit seinem Skelett aus verschiedenen Rumsorten, seinem Fleisch aus tropischen Fruchtsäften und seiner Haut aus braunem Zucker, Bitter und Eis.

* Geheimkult westafrikanischer Herkunft auf Haiti

Ein Sklavenschiff während der Beladung

ZOMBIES

Port of Spain Zombie

3 Finger dunkler Rum
1 Finger weißer Rum
1 Finger Apricot Brandy
2 Finger Ananassaft oder Apfelsinensaft oder Papaya-Stücke
Saft einer Zitrone (besser Limone)
gehacktes Eis

Eis in einen Shaker geben, Fruchtsaft, Limonen- oder Zitronensaft und weißen Rum dazuschütten. Sehr gut schütteln. Dann in ein großes Glas geben, langsam den braunen Rum dazuschütten, so daß er sich nicht mit dem Rest der Flüssigkeit vermischt. Dann die Papaya-Stückchen darauf schwimmen lassen und mit dem Trinkspruch „pura vida" servieren.

Stärke in Df.	Portionen	Glastyp	Temp.	Shaker	Eis	Zubereitungszeit
9	1		heiß	×	×	10 Min.
			kalt ×			

Port Royal Zombie

1 Finger dunkler Rum
3 Finger weißer Rum
1 Eiweiß
Saft einer Limone (oder Zitrone)
Saft einer halben Apfelsine
1 TL brauner Zucker
2–3 Mintblätter
Apfelsinenscheibe
gehacktes Eis

Zuerst das Eis in den Shaker geben, dann alle Bestandteile außer den Mintblättern, Orangenscheibe und dem dunklen Rum. Gut schütteln. Dann vorsichtig den dunklen Rum dazugeben – nicht rühren – und die Mintblätter und Orangenscheibe darauf schwimmen lassen. Mit einem freundlichen „suerte" servieren.

Stärke in Df.	Portionen	Glastyp	Temp.	Shaker	Eis	Zubereitungszeit
8	1		heiß	×	×	10 Min.
			kalt ×			

ZOMBIES

Haiti Zombie

2 Finger dunklen Rum
2 Finger weißen Rum
2 Finger „goldener" Rum/Rumsorte zwischen dunkel und weiß
1 Finger Ananassaft oder Papayasaft
Saft einer Limone
1 TL brauner Zucker
gehacktes Eis

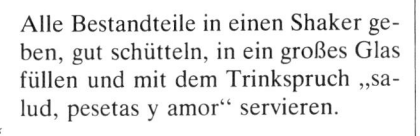

Alle Bestandteile in einen Shaker geben, gut schütteln, in ein großes Glas füllen und mit dem Trinkspruch „salud, pesetas y amor" servieren.

Stärke in Df.	Portionen	Glastyp	Temp.	Shaker	Eis	Zubereitungszeit
9+	1		heiß	×	×	10 Min.
			kalt ×			

Puerto Cortez Zombie

2 Finger dunkler Rum
2 Finger weißer Rum
1 Finger Cointreau
Saft einer halben Apfelsine
1 TL brauner Zucker
Spritzer Angostura Bitter
Apfelsinenscheibe

Bis auf die Apfelsinenscheibe werden alle Teile in einen Shaker gegeben, kräftig durchgeschüttelt und in ein großes Glas geschüttet. Dann die Apfelsinenscheibe darauf schwimmen lassen und mit dem alten Trinkspruch „viva la pirateria" servieren.

Stärke in Df.	Portionen	Glastyp	Temp.	Shaker	Eis	Zubereitungszeit
8	1		heiß	×	×	10 Min.
			kalt ×			

WEINBRAND-DRINKS

Le Havre

2 Finger Weinbrand
1 Finger trockener Vermouth
1 EL Pernod
Spritzer Angostura
Eis

Alle Teile im Shaker gut durchschütteln und in einem gekühlten Glas servieren.

Stärke in Df.	Portionen	Glastyp	Temp.	Shaker	Eis	Zubereitungszeit
5	1		heiß / kalt ×	×	×	5 Min.

Kreuz des Südens

2 Finger Weinbrand
1 Finger Gin
Spritzer Angostura
Eis

Alle Teile im Shaker sehr kräftig schütteln und in einem gekühlten Cocktailglas servieren.

Stärke in Df.	Portionen	Glastyp	Temp.	Shaker	Eis	Zubereitungszeit
5	1		heiß / kalt ×	×	×	5 Min.

Fatu Hiva

3 Finger Weinbrand
1 Finger Cointreau
Saft einer halben Zitrone
Eis

Alle Teile im Shaker gut schütteln und in einem gekühlten Glas servieren.

Stärke in Df.	Portionen	Glastyp	Temp.	Shaker	Eis	Zubereitungszeit
7	1		heiß / kalt ×	×	×	5 Min.

Seeteufels Special

2 Finger Weinbrand
1 TL Zucker
½ Glas kalte Milch
1 Finger Mineralwasser
Eis

Weinbrand über das Eis gießen und Zucker einrühren. Mit Milch und Mineralwasser auffüllen. Leicht umrühren.

Stärke in Df.	Portionen	Glastyp	Temp.	Shaker	Eis	Zubereitungszeit
3	1		heiß / kalt ×		×	5 Min.

WEINBRAND-DRINKS

Nebelspalter

3 Finger Weinbrand
1 Finger Dosenmilch
1 TL Honig
Eis

Den Honig in ein wenig Wasser auflösen und in den Shaker geben. Weinbrand und Milch dazugießen und kräftig schütteln.

Stärke in Df.	Portionen	Glastyp	Temp.	Shaker	Eis	Zubereitungszeit
4	1	🥃	heiß / kalt ×	×	×	5 Min.

Female Smuggler

2 Finger Weinbrand
1 TL feiner Zucker
½ Glas Soda-Wasser
Saft einer halben Zitrone
Eis

Zucker im Weinbrand auflösen, Eis, Zitronensaft und Soda dazugeben und leicht umrühren.

Stärke in Df.	Portionen	Glastyp	Temp.	Shaker	Eis	Zubereitungszeit
3	1	🥃	heiß / kalt ×		×	5 Min.

Bristol Blend

3 Finger Weinbrand
1 Eigelb
1 TL feiner Zucker
Prise schwarzer Pfeffer
Eis

Alle Teile in den Shaker geben und sehr kräftig schütteln, damit das Eigelb sich gut vermischt. Mit oder ohne Eis servieren.

Stärke in Df.	Portionen	Glastyp	Temp.	Shaker	Eis	Zubereitungszeit
7	1	🥃	heiß / kalt ×	×	×	5 Min.

Gin-Drinks

Mulatta

2 Finger Gin
1 Finger Cointreau
2 EL dunkler Rum
Saft einer Zitrone
Eis

Alle Teile in einem Shaker gut schütteln und dann ohne das Eis in ein Cocktailglas gießen.

Stärke in Df.	Portionen	Glastyp	Temp.	Shaker	Eis	Zubereitungszeit
8	1	🥃	heiß / kalt ×	×	×	5 Min.

Salziger Hund

2 Finger Gin
½ Glas Grapefruitsaft
Prise Salz
Eis

Eis in das Glas geben, Salz darüberstreuen. Gin dazugeben und mit Grapefruitsaft auffüllen. Leicht umrühren.

Stärke in Df.	Portionen	Glastyp	Temp.	Shaker	Eis	Zubereitungszeit
3	1	🥃	heiß / kalt ×		×	5 Min.

Mittagsbesteck

2 Finger Gin
Saft einer Orange oder halben Zitrone
½ Glas Soda-Wasser
Orangen- oder Zitronenscheibe
Eis

Eis, Gin und Fruchtsaft in den Shaker geben, gut schütteln und in ein Glas seihen. Mit Soda auffüllen und Orangenscheibe darauf schwimmen lassen.

Stärke in Df.	Portionen	Glastyp	Temp.	Shaker	Eis	Zubereitungszeit
2	1	🥃	heiß / kalt ×	×	×	5 Min.

Laboer Feuer

2 Finger Gin
1 Finger Vermouth
1 EL Pernod
Saft einer Zitrone
Spritzer Angostura
Eis

Eis, Zitronensaft und Pernod in einem offenen Shaker oder anderem Glasgefäß mischen, Vermouth und Gin dazugeben, gut durchrühren und in einem gekühlten Glas servieren.

Stärke in Df.	Portionen	Glastyp	Temp.	Shaker	Eis	Zubereitungszeit
4	1	🍸	heiß / kalt ×	×	×	5 Min.

GIN-DRINKS

Flying Dutchman

2 Finger Gin
1 Finger weißer Rum
1 TL Zucker
Saft einer halben Zitrone
½ Glas Milch
Eis

Alle Teile in den Shaker geben, gut schütteln und mit oder ohne Eis servieren.

Stärke in Df.	Portionen	Glastyp	Temp.	Shaker	Eis	Zubereitungszeit
4	1		heiß / kalt ✗	✗	✗	5 Min.

Kehrwieder

1 Finger Gin
1 Finger Weinbrand
1 Eiweiß
Saft einer halben Zitrone
Eis

Alle Teile in den Shaker geben, gut schütteln und in einem gekühlten Glas servieren.

Stärke in Df.	Portionen	Glastyp	Temp.	Shaker	Eis	Zubereitungszeit
5	1		heiß / kalt ✗	✗	✗	5 Min.

WHISKY-DRINKS

Neptuns Blut

2 Finger Whisky
1 Finger Porto
1 TL Zucker
½ Glas Soda-Wasser
Prise Muskat
Eis

Den Zucker in einigen EL Wasser auflösen und zusammen mit dem Whisky über das Eis gießen. Soda-Wasser dazugeben, langsam den Portwein einrühren und Muskat darüberstreuen.

Stärke in Df.	Portionen	Glastyp	Temp.	Shaker	Eis	Zubereitungszeit
4	1		heiß / kalt ✗		✗	5 Min.

Flying Cloud

2 Finger Whisky
1 Finger Gin
1 Finger Pernod
Eis

Alle Teile über das Eis geben und leicht umrühren.

Stärke in Df.	Portionen	Glastyp	Temp.	Shaker	Eis	Zubereitungszeit
8	1		heiß / kalt ✗		✗	5 Min.

WHISKY-DRINKS

Moonraker

2 Finger Whisky
1 Finger Cointreau
Spritzer Angostura
Eis

Alle Teile über das Eis gießen und leicht durchrühren.

Stärke in Df.	Portionen	Glastyp	Temp.	Shaker	Eis	Zubereitungszeit
6	1		heiß / kalt ×		×	5 Min.

Razzle-Dazzle*

2 Finger Whisky
½ Glas Milch
1 TL Zucker
Prise Muskat
Eis

Eis, Milch und Whisky im Shaker gut schütteln. Dann in ein gekühltes Glas geben und Muskat darauf streuen.

Stärke in Df.	Portionen	Glastyp	Temp.	Shaker	Eis	Zubereitungszeit
4	1		heiß / kalt ×	×	×	5 Min.

* engl. Zechgelage, Name von Jack Londons erstem Schiff

Seewolfs Special

2 Finger Whisky
1 EL dunkler Rum
½ Glas Soda-Wasser
Saft einer Apfelsine
Eis

Alle Teile über das Eis gießen und leicht umrühren.

Stärke in Df.	Portionen	Glastyp	Temp.	Shaker	Eis	Zubereitungszeit
6	1		heiß / kalt ×		×	5 Min.

Skippers Trost

2 Finger Whisky
1 Finger Vermouth
Saft einer Apfelsine
Spritzer Angostura
Eis

Alle Teile in den Shaker geben und gut schütteln. Ohne das Eis servieren.

Stärke in Df.	Portionen	Glastyp	Temp.	Shaker	Eis	Zubereitungszeit
6	1		heiß / kalt ×	×	×	5 Min.

CALVADOS-DRINKS

Cherbourg spécial

1 Finger Calvados
2 EL Cointreau
1 Finger Apfelsinensaft
Apfelsinenscheibe
Eis

Calvados, Cointreau, Orangensaft und Eis im Shaker gut und kräftig schütteln. In einem gekühlten Glas mit einer Apfelsinenscheibe servieren.

Stärke in Df.	Portionen	Glastyp	Temp.	Shaker	Eis	Zubereitungszeit
3	1		heiß / kalt ×	×	×	5 Min.

Bretonenliebe

2 Finger Calvados
1 TL Zucker
2 Nelken
1 Zitronenscheibe
Prise Zimt
Prise Muskat
Kaltes oder heißes Wasser

Calvados, Zucker, Nelken und Zitronenscheibe in ein Glas geben und leicht durchrühren. Kaltes oder heißes Wasser dazugießen. Mit Muskat servieren.

Stärke in Df.	Portionen	Glastyp	Temp.	Shaker	Eis	Zubereitungszeit
2	1		heiß × / kalt ×			5 Min.

Doppelender

1 Finger Calvados
2 Finger Wodka
Saft einer Apfelsine oder Grapefruit
Soda-Wasser
Eis

Eis, Calvados, Wodka und Fruchtsaft in ein Glas geben und mit Soda-Wasser auffüllen.

Stärke in Df.	Portionen	Glastyp	Temp.	Shaker	Eis	Zubereitungszeit
5	1		heiß / kalt ×		×	5 Min.

Springflut

1 Finger Calvados
2 Finger Gin
1 EL Pernod
Eis
Soda-Wasser

Eis, Calvados, Gin in ein Glas geben, leicht umrühren und mit Soda-Wasser auffüllen.

Stärke in Df.	Portionen	Glastyp	Temp.	Shaker	Eis	Zubereitungszeit
4	1		heiß / kalt ×		×	5 Min.

WODKA-DRINKS

Bärenblut

2 Finger Wodka
Saft einer Zitrone
½ Glas Tomatensaft
Spritzer Angostura
1 Zitronenscheibe
Eis

Eis in ein Glas geben, dann Wodka, Tomatensaft und Angostura beigeben. Langsam umrühren und Zitronenscheibe schwimmen lassen.

Stärke in Df.	Portionen	Glastyp	Temp.	Shaker	Eis	Zubereitungszeit
3	1		heiß kalt ×		×	5 Min.

Tsushima

2 Finger Wodka (russischer)
1 Finger Vermouth oder Sake (japanischer)
1 Finger Ananassaft
1 EL Zitronensaft
Eis

Alle Teile in den Shaker geben, kräftig schütteln und in gekühltem Glas servieren.

Stärke in Df.	Portionen	Glastyp	Temp.	Shaker	Eis	Zubereitungszeit
4	1		heiß kalt ×	×	×	5 Min.

Wolgaschiffer

2 Finger Wodka
1 TL feiner Zucker
1 Eiweiß
Saft einer Zitrone
Eis

Alle Teile in den Shaker geben, kräftig schütteln und in ein gekühltes Glas seihen.

Stärke in Df.	Portionen	Glastyp	Temp.	Shaker	Eis	Zubereitungszeit
3	1		heiß kalt ×	×	×	5 Min.

Schwarzmeer Cocktail

2 Finger Wodka
1 Finger Cointreau
1 Finger Zitronensaft
1 Finger Apfelsinensaft
Eis

Eis in ein Glas geben, Fruchtsäfte hinzugießen, dann Wodka und Cointreau einrühren.

Stärke in Df.	Portionen	Glastyp	Temp.	Shaker	Eis	Zubereitungszeit
5	1		heiß kalt ×		×	5 Min.

KLARE

Mermaid Sour

2 Finger Aquavit
Saft einer Zitrone
1 TL Zucker
Eis

Alle Teile in einen Shaker geben, kräftig schütteln und im gekühlten Glas servieren.

Stärke in Df.	Portionen	Glastyp	Temp.	Shaker	Eis	Zubereitungszeit
4	1		heiß / kalt ×	×	×	5 Min.

Nordlicht

2 Finger Korn
1 Flasche Bier
1 Eigelb

Das Eigelb schlagen und zusammen mit dem Korn in das Bier einrühren.

Stärke in Df.	Portionen	Glastyp	Temp.	Shaker	Eis	Zubereitungszeit
4	2		heiß / kalt ×			5 Min.

Blockadebrecher

1 Finger Korn
1 Finger Cointreau
1 Finger Portwein
Eis

Alle Teile mischen und in ein Glas über Eis geben.

Stärke in Df.	Portionen	Glastyp	Temp.	Shaker	Eis	Zubereitungszeit
6	1		heiß / kalt ×		×	5 Min.

Cap Horn Special

2 Finger Korn
1 Finger Rum
2 TL Zucker
Prise Zimt
Prise Nelken
½ Glas Mineralwasser
Eis

Rum und Korn in ein Glas geben und langsam den Zucker einrühren. Zimt und Nelken dazugeben und mit Mineralwasser auffüllen.

Stärke in Df.	Portionen	Glastyp	Temp.	Shaker	Eis	Zubereitungszeit
5	1		heiß / kalt ×		×	5 Min.

Islandfeuer

2 Finger Korn
1 Finger Weinbrand
Saft einer halben Zitrone
Spritzer Angostura Bitter
Eis

Alle Teile in den Shaker geben, gut schütteln und in ein gekühltes Glas geben.

Stärke in Df.	Portionen	Glastyp	Temp.	Shaker	Eis	Zubereitungszeit
6	1		heiß / kalt ×	×	×	5 Min.

BIER-GETRÄNKE

St.-Pauli-Grog

2 Flaschen Bier
½ Flasche Rum
4 Eier
1 TL Zimt
½ Tasse Zucker

Bier, Zucker und Zimt in einem Kochtopf erhitzen, nicht kochen lassen. In einer Schüssel werden Rum und Eier gut durchgeschlagen, gemischt und dann zu dem Bier geschüttet. Unter ständigem Rühren nochmals erhitzen und möglichst heiß servieren.

Stärke in Df.	Portionen	Glastyp	Temp.	Shaker	Eis	Zubereitungszeit
6	6		heiß ✗ / kalt			15 Min.

Friesen-Met

2 Flaschen Bier
4 Finger Whisky
4 EL Honig
2 EL Rosinen

Bier, Honig und Rosinen in einem Topf erhitzen, Flamme ausdrehen, ca. 10 Minuten ziehen lassen. Erst dann den Whisky hinzugeben und servieren.

Stärke in Df.	Portionen	Glastyp	Temp.	Shaker	Eis	Zubereitungszeit
5	5		heiß ✗ / kalt			15 Min.

Vitalienbruder

1 Flasche Bier
3 Finger Whisky
1 EL Zucker
2 Eier
Prise Muskat

Bier in einem Topf erhitzen und langsam Zucker und Muskat dazugeben. Die Eier in einem Schüsselchen schlagen und in das Bier einrühren. Dann den Whisky dazuschütten. Möglichst heiß servieren.

Stärke in Df.	Portionen	Glastyp	Temp.	Shaker	Eis	Zubereitungszeit
4	2–3		heiß ✗ / kalt			10 Min.

Regentag

1 Flasche Bier
2 Finger Rum
1 Flasche Milch
4 Eigelb
4 EL Zucker
Prise gemahlene Nelken
Prise Muskatnuß

Milch und Bier mischen, dann das geschlagene Eigelb und Zucker einrühren. Rum dazuschütten und gut rühren. In Gläser schütten und Nelken und Muskat darüberstreuen.

Stärke in Df.	Portionen	Glastyp	Temp.	Shaker	Eis	Zubereitungszeit
2	6		heiß / kalt ✗			10 Min.

SHERRY UND PORTO

Captain Nemo

1 Finger Sherry
2 Finger Rum
1 EL Zitronensaft

Alle Teile mischen und in einem gekühlten Glas servieren.

Stärke in Df.	Portionen	Glastyp	Temp.	Shaker	Eis	Zubereitungszeit
6	1		heiß / kalt ×			2 Min.

Seepferdchen

2 Finger Sherry
1 Finger Weinbrand
2 Eigelb
1 TL Zucker
Prise Muskat

Alle Teile in einen Shaker geben und gut schütteln. Sofort servieren.

Stärke in Df.	Portionen	Glastyp	Temp.	Shaker	Eis	Zubereitungszeit
5	1		heiß / kalt ×	×	×	5 Min.

Bounty

2 Finger Sherry
1 Finger Vermouth
1 Stückchen Zitronenschale
Eis

Sherry und Vermouth über das Eis schütten und leicht durchrühren. Mit einem Stück Zitronenschale servieren.

Stärke in Df.	Portionen	Glastyp	Temp.	Shaker	Eis	Zubereitungszeit
3	1		heiß / kalt ×		×	3 Min.

Cherie

2 Finger Sherry
1 Finger Whisky
2 Finger Apfelsinensaft
1 EL Cointreau
Eis

Alle Teile in ein Glas über Eis geben und vorsichtig umrühren.

Stärke in Df.	Portionen	Glastyp	Temp.	Shaker	Eis	Zubereitungszeit
5	1		heiß / kalt ×		×	2 Min.

Kalmen-Tröster

2 Finger Sherry
1 Finger Gin
1 EL Cointreau
½ Glas Apfelsaft
1 Finger Apfelsinensaft
Eis

Alle Teile in den Shaker geben und kurz durchschütteln. Mit Eis servieren.

Stärke in Df.	Portionen	Glastyp	Temp.	Shaker	Eis	Zubereitungszeit
4	1		heiß / kalt ×		×	3 Min.

SHERRY UND PORTO

KAFFEE

Weihwasser

1 Flasche Sherry
1 Flasche Bier
1 Flasche Milch
  Prise Muskat

Sherry, Bier und Milch in einem Topf erhitzen, aber nicht zum Kochen kommen lassen. Von der Flamme wegnehmen und ca. eine Stunde ziehen lassen. Kann heiß oder kalt serviert werden.

Stärke in Df.	Portionen	Glastyp	Temp.	Shaker	Eis	Zubereitungszeit
4	6–8		heiß ✗ / kalt ✗			1 Stunde

Brackwasser

½ Tasse heißer Kaffee
½ Tasse heiße Milch
2 Finger Weinbrand
1 EL Zucker
1 Ei

Milch und Kaffee mischen, dann Eigelb und Weinbrand einrühren. Mit Zucker abschmecken.

Stärke in Df.	Portionen	Glastyp	Temp.	Shaker	Eis	Zubereitungszeit
3	1		heiß ✗ / kalt			10 Min.

Seaserpent

3 Finger Porto
  Saft einer Zitrone
2 TL Zucker
½ Glas Wasser
  Prise Muskat
½ Stange Vanille

Alle Teile in einem kleinen Topf erhitzen – aber nicht zum Kochen kommen lassen. Vor dem Servieren wird die Vanillenstange herausgefischt. Der Drink kann kalt oder heiß serviert werden.

Stärke in Df.	Portionen	Glastyp	Temp.	Shaker	Eis	Zubereitungszeit
3	1		heiß ✗ / kalt ✗			10 Min.

Kameraden-kaffee

2 Finger Wodka
½ Tasse Rotwein
2 TL Pulverkaffee
2 TL Zucker
½ Tasse Wasser

Zucker, Wasser, Wein und Wodka mischen und langsam erhitzen. Nicht zum Sieden kommen lassen. Den Kaffee einrühren und in einer Mug servieren.

Stärke in Df.	Portionen	Glastyp	Temp.	Shaker	Eis	Zubereitungszeit
5	1		heiß ✗ / kalt			10 Min.

KAFFEE

Café Martinique

½ Liter heißer, schwarzer Kaffee
3 Finger Rum
4 EL Dosenmilch
2 EL Zucker
1 Apfelsine
Prise Muskatnuß

Die Schale der Apfelsine abraspeln und in den heißen Kaffee schütten. Abkühlen lassen. Dann Zucker, Milch und Rum einrühren. Muskatnuß darüberstreuen und kalt servieren.

Stärke in Df.	Portionen	Glastyp	Temp.	Shaker	Eis	Zubereitungszeit
4	2–3	🍵	heiß × kalt			20 Min.

Dithmarscher Wasser

1 Liter Wasser
4 Finger Gin
1 Ei
2 EL gemahlener Kaffee

Den Kaffee und das mit etwas Wasser verdünnte und geschlagene Ei in das heiße Wasser einrühren. Zwei- bis dreimal aufkochen lassen. Dann durch einen Kaffeefilter gießen. Erst kurz vor dem Servieren wird der Gin eingerührt.

Stärke in Df.	Portionen	Glastyp	Temp.	Shaker	Eis	Zubereitungszeit
3	4–6	🍵	heiß × kalt			20 Min.

Betrunkener Bär

Kleine Kanne heißer Kaffee
2 Finger Wodka
2 EL Honig

Den Honig in den heißen Kaffee einrühren und dann langsam den Wodka dazugeben.

Stärke in Df.	Portionen	Glastyp	Temp.	Shaker	Eis	Zubereitungszeit
2	2–3	🍵	heiß × kalt			10 Min.

Café Libre

2 Finger weißer Rum
1 TL Pulverkaffee
2 Eiswürfel
¾ Glas Coca-Cola

Rum, Eis und Kaffee mischen, dann das Glas mit Coca-Cola auffüllen.

Stärke in Df.	Portionen	Glastyp	Temp.	Shaker	Eis	Zubereitungszeit
3	1	🥃	heiß kalt ×		×	10 Min.

TEE

Clipper Tea

4 Finger Rum
2 Finger Weinbrand
3 Eigelb
2 EL Zucker
4 Gläser kalter, schwarzer Tee

Eigelb, Zucker, Rum und Weinbrand mischen, in Gläser verteilen und mit kaltem Tee auffüllen.

Stärke in Df.	Portionen	Glastyp	Temp.	Shaker	Eis	Zubereitungszeit
3	4		heiß kalt ✗			10 Min.

Tarragona Tee

½ Liter starker, schwarzer Tee (kalt)
½ Flasche trockener Weißwein
3 Zitronen
5 EL Zucker
Eiswürfel

Den Zitronensaft mit Tee und Weißwein mischen. Zucker einstreuen und gut verrühren. Eiswürfel in Gläser geben und den Tee darübergießen.

Stärke in Df.	Portionen	Glastyp	Temp.	Shaker	Eis	Zubereitungszeit
3	4–6		heiß kalt ✗		✗	15 Min.

Lord Jim's Tea

1 Finger Gin
1 Finger Rum
2 TL Zucker
1 EL Zitronensaft
½ Glas heißer, schwarzer Tee
Prise Zimt
Prise gemahlene Nelken

Rum, Gin und Zitronensaft mischen; Zucker, Zimt und Nelken einrühren, gut mischen und mit Tee auffüllen.

Stärke in Df.	Portionen	Glastyp	Temp.	Shaker	Eis	Zubereitungszeit
5	1		heiß ✗ kalt			10 Min.

Roaring Forties Five o'clock

2 Finger Weinbrand
2 Finger Rum
2 EL Honig
½ Tasse Tee
Saft einer Zitrone

Honig, Zitronensaft, Rum und Weinbrand mischen, dann den heißen Tee dazugeben. Kann heiß oder auch kalt getrunken werden.

Stärke in Df.	Portionen	Glastyp	Temp.	Shaker	Eis	Zubereitungszeit
9	1		heiß ✗ kalt ✗			10 Min.

AUS SMUTJES GIFTKÜCHE

Skylight

1 Flasche Korn
6 Nelken
 Prise Muskat
 Prise Koriander
 Prise Anis
1 TL Pfefferminz-
 blätter
2 EL Rosinen
½ TL Kümmel
1 EL Zucker

Alle Bestandteile in eine Literflasche geben, den Korn dazuschütten und dann 10 Tage ziehen lassen. Durch einen Kaffeefilter schütten und möglichst kalt servieren.

Stärke in Df.	Portionen	Glas-typ	Temp.	Shaker	Eis	Zubereitungszeit
7			heiß			10 Tage
			kalt ×			

Antifouling

1 Liter Himbeersaft
1 Flasche
 Himbeergeist
1 Flasche
 Weinbrand
½ Kilo Zucker
1 TL Zimt
5–7 Nelken

Alle Teile in eine große Flasche, Kanister oder Holzfäßchen geben und in die Bilge legen. Möglichst viel kreuzen in den folgenden vier Wochen. Dann Gäste einladen und servieren.

Stärke in Df.	Portionen	Glas-typ	Temp.	Shaker	Eis	Zubereitungszeit
5	ca. 20	⬜	heiß			Wochen
			kalt ×			

Bohnensuppe

1 Flasche Korn oder
 Arrak
1 Tasse Rosinen
½ Tasse Zucker
 geraspelte
 Zitronenschale

In einer Literflasche werden Rosinen, geraspelte Zitronenschalen, Zucker und Korn gemischt und gut durchgeschüttelt. In 2 bis 3 Wochen kann die Suppe „gegessen" werden.

Stärke in Df.	Portionen	Glas-typ	Temp.	Shaker	Eis	Zubereitungszeit
7			heiß			2–3 Wochen
			kalt ×			

Kannibalen-Rum

1 Flasche Rum
1 Kilo Mark
2 Zitronen
1 Tasse Zucker

Das Mark in kleine Stücke schneiden und erhitzen. Dann den Zitronensaft dazugeben und beides durch ein Tuch schlagen. Rum dazugeben, gut durchrühren und auf eine Flasche ziehen. Mindestens zwei Wochen stehenlassen.

Stärke in Df.	Portionen	Glas-typ	Temp.	Shaker	Eis	Zubereitungszeit
8			heiß			2 Wochen
			kalt ×			

AUS SMUTJES GIFTKÜCHE

ZUM KATERFRÜHSTÜCK

Sargasso-Flip

1 Flasche Weinbrand
6 Eigelb
1 EL Zucker

Eier und Zucker werden im „Dampfbad" geschlagen bis sich eine weiche Paste bildet. Ohne Unterlaß weiterschlagen und rühren, während die Mischung abkühlt. Langsam und in kleinen Mengen den Weinbrand dazugeben. Auf eine Flasche ziehen und für mindestens zwei Wochen zur Seite stellen.

Stärke in Df.	Portionen	Glastyp	Temp.	Shaker	Eis	Zubereitungszeit
6			heiß			2 Wochen
			kalt ✗			

Azimut

1 Flasche Korn
½ Tasse Honig
3 Nelken
Prise Zimt

Den Honig langsam erhitzen und alle anderen Bestandteile dazugeben. Gut durchrühren, nicht zum Kochen kommen lassen. Abkühlen lassen und auf Flaschen ziehen.

Stärke in Df.	Portionen	Glastyp	Temp.	Shaker	Eis	Zubereitungszeit
7			heiß			1 Stunde
			kalt ✗			

Morgendämmerung

2 Finger Wodka
2 Finger Tomatensaft
1 Eigelb
Spritzer Angostura
Spritzer Tabasco
Prise Sellerie-Salz

Stärke in Df.	Portionen	Glastyp	Temp.	Shaker	Eis	Zubereitungszeit
4	1	⊔	heiß			5 Min.
			kalt ✗			

Muddy and Bloody

2 Aspirin
2 Finger Wodka
½ Glas Tomatensaft
Spritzer Worcester-Sauce
Spritzer Tabasco
Prise Schwarzer Pfeffer

Stärke in Df.	Portionen	Glastyp	Temp.	Shaker	Eis	Zubereitungszeit
3	1	⊔	heiß			5 Min.
			kalt ✗			

ZUM KATERFRÜHSTÜCK

Mayday Oyster

1 Finger Gin
1 Eigelb
1 EL Ketchup
  Spritzer
  Worcester-Sauce
  Spritzer
  Zitronensaft
  Prise Salz
  Prise Pfeffer
  Prise Paprika
  Prise Muskatnuß

Den Gin in ein Cocktailglas schütten und das Eigelb darauf schwimmen lassen. Mit Ketchup einen Kreis um das Eigelb zeichnen. Gewürze und Zitronensaft darübergeben.

Stärke in Df.	Portionen	Glastyp	Temp.	Shaker	Eis	Zubereitungszeit
2	1		heiß / kalt ×			10 Min.

Seeanker

2 Finger Weinbrand
½ Glas kalte Milch
1 geschlagenes Ei
  Prise Muskat

Stärke in Df.	Portionen	Glastyp	Temp.	Shaker	Eis	Zubereitungszeit
3	1		heiß / kalt ×			10 Min.

Trouble-Killer

2 Finger Wodka
½ Glas
  Apfelsinensaft
1 Alka-Selzer

Stärke in Df.	Portionen	Glastyp	Temp.	Shaker	Eis	Zubereitungszeit
3	1		heiß / kalt ×			5 Min.

Morgenbrise

2 Finger Weinbrand
1 TL Worcester-Sauce
2 TL Ketchup
  Prise Paprika
1 TL Olivenöl
  Prise Salz
  Spritzer Essig
  Prise Curry
1 Eigelb
  Prise Muskatnuß

Alle Teile außer dem Eigelb und Muskat mischen und in ein Glas geben. Dann das Eigelb darauf schwimmen lassen und Muskat darüberstreuen.

Stärke in Df.	Portionen	Glastyp	Temp.	Shaker	Eis	Zubereitungszeit
3	1		heiß / kalt ×			10 Min.

Wo stehen die Sachen?

KLASSISCHE WINDJAMMER-DRINKS 62
Salvator 62
Skorbut Punsch 62
Hipsy 62
Egg Calli 62
Bimbo 63
Tarantula Saft 63
Original Daiquiri 64
Trinity 64
Sea Urchen 64
Slime 64

KALTE PUNSCHE 65
Admiral's Punch 65
Commodore's Punch 65
Lazy Afternoon 65
Labrador Punsch 65
Cutty Sark Punsch 66
Feuerland Punsch 66

HEISSE PUNSCHE 67
Ostindien Punsch 67
Äquator Punsch 67
Prohibition's Punsch 67
Filibuster Punsch 67
Captain's Punch 68
Eismeer Punsch 68

GROGS 69
Steuermanns Grog 69
Blauer Peter 69
Hundewache Grog 69
Großkreis Grog 69
Neufundland Grog 70
Florida Grog 70
Captain Flint's Grog 70

Klabautermann 71
Mitternachtsgrog 70
Morgenröte 71

RUM-DRINKS 72
Tradewind Daiquiri 72
Port of Spain Daiquiri 72
Caribbean Girl 72
Quarter Deck 72
Jolly Roger 73
Maracaibo 74
Lobo del Mar 74
Bilgewasser 73
Elmsfeuer 75
Blackbeard 76
Tobago Fizz 76
Walmilch 75
Gletschermilch 76

ZOMBIES 77
Port of Spain Zombie 78
Port Royal Zombie 78
Haiti Zombie 79
Puerto Cortez Zombie 79

WEINBRAND-DRINKS 80
Le Havre 80
Fatu Hiva 80
Kreuz des Südens 80
Seeteufels Special 80
Nebelspalter 81
Bristol Blend 81
Female Smuggler 81

GIN-DRINKS 82
Mulatta 82
Salziger Hund 82

Mittagsbesteck 82
Laboer Feuer 82
Flying Dutchman 83
Kehrwieder 83

WHISKY-DRINKS 83
Neptuns Blut 83
Flying Cloud 83
Moonraker 84
Seewolfs Special 84
Razzle-Dazzle 84
Skippers Trost 84

CALVADOS-DRINKS 85
Cherbourg spécial 85
Doppelender 85
Springflut 85
Bretonenliebe 85

WODKA-DRINKS 86
Bärenblut 86
Wolgaschiffer 86
Schwarzmeer Cocktail 86
Tsushima 86

KLARE 87
Mermaid Sour 87
Cap Horn Special 87
Blockadebrecher 87
Nordlicht 87
Islandfeuer 87

BIERGETRÄNKE 88
St.-Pauli-Grog 88
Friesen-Met 88
Vitalienbruder 88
Regentag 88

SHERRY UND PORTO 89
Cherie 89
Seepferdchen 89
Captain Nemo 89
Kalmen-Tröster 89
Bounty 89
Weihwasser 90
Seaserpent 90

KAFFEE 91
Kameradenkaffee 90
Brackwasser 90
Café Martinique 91
Betrunkener Bär 91
Dithmarscher Wasser 91
Café Libre 91

TEE 92
Clipper Tea 92
Lord Jim's Tea 92
Tarragona Tee 92
Roaring Forties Five o'clock 92

AUS SMUTJES GIFTKÜCHE 93
Skylight 93
Antifouling 93
Bohnensuppe 93
Kannibalen-Rum 93
Sargasso-Flip 94
Azimut 94

ZUM KATERFRÜHSTÜCK 94
Morgendämmerung 94
Muddy and Bloody 94
Mayday Oyster 95
Morgenbrise 95
Seeanker 95
Trouble-Killer 95